Lisbeth Haase · Wibrandis Rosenblatt
Ein Leben an der Seite der Reformatoren

Lisbeth Haase

Wibrandis Rosenblatt

Ein Leben an der Seite der Reformatoren

Edition Anker

ABCteam-Bücher erscheinen in folgenden Verlagen:
Aussaat Verlag Neukirchen-Vluyn
R. Brockhaus Verlag Wuppertal und Zürich
Brunnen Verlag Gießen und Basel
Christliches Verlagshaus Stuttgart
Oncken Verlag Wuppertal und Kassel

Edition Anker – Biografie

Die Deutsche Bibliothek – CIP-Einheitsaufnahme

Haase, Lisbeth:
Wibrandis Rosenblatt : ein Leben an der Seite der Reformatoren / Lisbeth
Haase. – Stuttgart : Ed. Anker im Christlichen Verl.-Haus, 2000
   (Edition Anker : Biographie)
   (ABC-Team)
   ISBN 3-7675-1198-3

© 2000 Edition Anker
im Christlichen Verlagshaus GmbH, Stuttgart
Umschlaggestaltung: Dieter Betz, Friolzheim
unter Verwendung eines Porträts der Wibrandis Rosenblatt
Gesamtherstellung: Druckhaus West GmbH & Co. KG, Stuttgart
ISBN 3-7675-1198-3

Inhalt

Vorwort

Wibrandis Rosenblatt, die Frau mit dem duftenden Namen, werden Sie kaum in einem Lexikon finden. Noch immer ist sie in dem großen Werk „Religion in Geschichte und Gegenwart" (RGG) oder im neuesten Kirchenlexikon nicht aufgetaucht.

Und doch: Wibrandis ist die Frau von drei bedeutenden süddeutschen Reformatoren gewesen. Ihr erster Mann war Humanist, ihre drei weiteren Männer stark vom Humanismus geprägt.

Der Humanismus schuf die Voraussetzungen für die geistige und religiöse Welt des 16. Jahrhunderts. Die gleichzeitige Erfindung der Buchdruckerkunst hat ihm in kurzer Zeit eine große Wirkung verschafft. Bald entstanden in Europa verschiedene Zentren humanistischen Geisteslebens.

Unter dem Einfluss des Humanismus begründeten Fürsten neue Universitäten. Ältere Lehranstalten nahmen die neue wissenschaftliche Richtung in ihre Lehrpläne auf.

Es lehrten fleißige Pädagogen, die Generationen in ihrem Geist erzogen. Humanismus wurde gleichbedeutend mit Bildung, die zum echten Menschsein führt. Wissenschaftliche Erkenntnisse und Leistungen zählten.

Die humanistische Welt und ebenso die aus ihr hervorgegangenen Reformatoren hielten durch regen Briefwechsel feste Verbindung miteinander.

An der Seite der Theologen standen erstmalig angetraute Ehefrauen. Die Ehe wurde als Charakterschule und partnerschaftliche Erziehung der Kinder gesehen, von den Männern wohl mehr oder weniger auch als Stütze des Haushalts und der Gastfreundschaft.

Der Einfluss der protestantischen Reformatoren auf die Rolle der Frau in der Gesellschaft und zum Teil auch in der Kirche war schon bedeutend. Der Stand der Ehefrauen wurde aufgewertet.

Die Reformatoren hatten Frauen an der Seite, die durch das damals besonders turbulente Leben im Pfarrhaus sich großartig entfalteten und für die Familie und die Gemeinschaft Ungeheures leisteten. Die Frauen stärkten ihnen den Rücken und ermöglichten oft viel. Doch die wenigsten sind bekannt. Soll ihrem Leben nachgespürt werden, ist es am besten, den Daten der Männer nachzugehen. Für den gemeinsamen Weg ist da so manches zu erfahren.

Wibrandis Oekolampad, verw. Keller, geb. Rosenblatt

Auf dem Baseler Marktplatz stand die elegante, anmutige Wibrandis Rosenblatt mit vor Zorn glühendem Gesicht.

Der Grund ihres Errötens war niemandem einsichtig und ließ sie in den Augen anderer nur noch hübscher werden. Sie hatte sich vor den Umstehenden äußerlich völlig in der Gewalt, bebte aber vor innerer Erregung.

Wibrandis hatte gerade den Pfarrer Johannes Oekolampad geheiratet. Sie freute sich auf die Liebe dieses Mannes und auf den neuen Hausstand mit dem bekannten und geschätzten Pfarrer und Professor. Und nun dies: Kritik an ihrer Ehe wurde laut. Da gab es Baseler Bürger, die weiter entschieden für die Ehelosigkeit der Priester und Pfarrer eintraten. Dass es Reformatoren gab, die die Forderung der Ehelosigkeit der Priester preisgaben, erfüllte sie mit Grimm. Oekolampad war doch schon in vorgeschrittenem Alter. Warum musste er jetzt noch den sie irritierenden Schritt zur Ehe gehen? So wurde getuschelt. Ja, Wibrandis kam hier auf dem Marktplatz zu Ohren, dass Menschen sich kopfschüttelnd von Oekolampad abwandten und ihn als töricht bezeichneten.

Schon gestern war ihr zugetragen worden, wie die beiden schöngeistigen Gelehrten Desiderius Erasmus und Bonifacius Amerbach spotteten: ‚Wie konnte er nur eine so junge Frau heiraten. Der Professor, im vorgerückten

Alter, mit zitterndem Haupt, mager und erschöpft am ganzen Körper wie ein lebender Leichnam.'

Wibrandis war empört und zornig. Gewiss, Oekolampad war kein Adonis. Er war schmal und wirkte etwas überarbeitet. Er tat wohl auch zu viel. Aber er arbeitete nicht um schnöden Mammon, sondern um die Wirksamkeit des Reiches Gottes. Er war zwanzig Jahre älter als sie. Das war für sie kein Hinderungsgrund. Sie mochte und achtete den Menschen. Er war ein agiler, gelehrter Mann und ihr ein interessanter Gesprächspartner.

Die Menschen hatten kein Recht, die zwei Jahrzehnte Altersunterschied hier so böse anzukreiden! Gewiss, weil die Lebenserwartung nicht sehr hoch war, fühlten sich viele Männer mit vierzig Jahren schon alt. Doch das durchschnittlich geringe Lebensalter lag auch an den vielen Kriegen und den bösen, immer wieder auftretenden Pestepidemien, die Tausende dahinrafften. Und dies in allen Altersgruppen.

Wibrandis berührten die bösen Sticheleien und Anklagen mehr, als sie sich selbst eingestehen mochte.

Warum hatte sie eigentlich Johannes Oekolampad geheiratet? War es sein warmer Blick und seine angenehme Stimme? War es seine Position? Liebe war es wohl nicht. Eine Liebesheirat hatte sie mit ihren 24 Jahren bereits hinter sich.

Wibrandis war im Jahre 1504 in Säckingen geboren worden als Tochter von Hans Rosenblatt und seiner Ehefrau Magdalena Strub aus Basel. Wibrandis hatte ihren schönen ausgefallenen Namen nach einer Heiligen. In ihrem Geburtsjahr waren deren Reliquien in den Altar des Baseler Münsters eingebaut worden.

Zur Zeit von Wibrandis' Geburt focht der Vater im bayerischen Erbfolgekrieg auf Seiten seines Landesherrn, des Kaisers Maximilian. Für sein tapferes Verhalten wurde er vom Kaiser zum Ritter geschlagen.

Einige Zeit hatte er als Schultheiß in Säckingen gearbeitet. Doch er war weiter in des Kaisers Diensten viel unterwegs. So siedelte die Mutter schließlich mit Wibrandis und dem Sohn Adalbert in ihre Heimatstadt Basel über.

Wibrandis hatte es ihrem Vater zu verdanken, dass sie eine gebildete Frau war. Sein Dienstherr Kaiser Maximilian wurde vom Volk sehr verehrt. Er war ein kluger Mann, der die Wissenschaft und die Künste förderte. Viele Beamte taten es ihm nach. Mit einem Kollegen stellte Wibrandis' Vater zwei tüchtige Lehrer ein, die die Söhne der beiden Familien unterrichten sollten. Auch Wibrandis und die Kollegentochter Theresa gesellten sich in die kleine Schülergruppe und gehörten bald zu den Eifrigsten. Sie waren eine fröhliche Lerngemeinschaft. Dazu wuchs zwischen den beiden Mädchen eine tiefe Freundschaft.

1521 erhielt der Vater als Ablösung unerledigter Soldansprüche von Kaiser Karl V. ein herrschaftliches Gut in Österreich. Seine Frau Magdalena Strub zog jedoch die Stellung einer Baseler Bürgersfrau der einer österreichischen Schlossherrin vor. So wurde das Gut verpachtet. Hier in Basel hatte sie Gesellschaft durch ihre vielen Verwandten und Freunde. Das lag ihr mehr als die Einsamkeit, zumal ihr Gatte sie ja oft allein ließ.

Die Familie Strub gehörte zur Gerberzunft. Mehrere Angehörige saßen im Rat der Stadt. Wibrandis und ihr Bruder Adalbert waren froh, dass sie in Basel bleiben konnten. Sie wären nur ungern weggezogen. Sie fühlten sich in der Stadt wohl. Hier waren ihre Vettern und Freunde.

Wibrandis und Theresa heirateten Baseler Bürger. Theresa einen Patrizier und Wibrandis mit 2o Jahren den Humanisten Ludwig Keller, einen hochgebildeten Magister der freien Künste. Er war nur ein paar Jahre älter als sie und lehrte in der Lateinschule. Er liebte die Klassiker. Allgemein wurde er Cellarius genannt, was er nicht ungern hörte. Aber er liebte auch seine hübsche junge Frau, die er durch ihren Bruder Adalbert kennengelernt hatte. Er hatte sich in die Familie einladen lassen und war erstaunt über die gebildeten Gespräche gewesen, die dort geführt wurden. Daran nahm auch Wibrandis teil. Die beiden jungen Leute waren sich bald sehr zugetan.

Ein Jahr nach der Hochzeit gebar Wibrandis eine kleine Tochter. In Verehrung zu seiner hübschen Frau gab ihr Cellarius auch den Namen Wibrandis. Aber schon ein halbes Jahr darauf starb Cellarius an einem Gehirnschlag. Wibrandis war mit 22 Jahren Witwe. Sie war voll tiefer Trauer. Ihre ganze Liebe gab sie jetzt der kleinen Wibrandis.

Im Verhältnis zu anderen jungen Frauen in ihrer Lage hatte Wibrandis Glück. Sie hatte ein wohlsituiertes Elternhaus, das sie wieder freundlich aufnahm. Doch das war kein Dauerzustand. Der Vater starb nach einer schweren Influenza. Der Beamtensold blieb aus. Noch waren einige Ersparnisse da und der Besitz des Schlosses. Mutter Magdalena und Tochter Wibrandis ließen bald ihre Hände nicht mehr ruhen. Sie arbeiteten an feinen Stickereien, die sie verkaufen wollten.

Des Sonntags gingen die beiden Frauen in den Gottesdienst. Sie favorisierten bald die Predigten des Pfarrers Oekolampad. Er predigte in Deutsch und gab gute Gedanken mit auf den Weg.

In der Situation des Nichtwissens wie es weitergehen

sollte, hielt Oekolampad überraschend um Wibrandis Hand an. Die junge Frau war mehr oder weniger sprachlos. Ein Pfarrer wollte sie heiraten!

Sicherlich war es von ihr aus mehr eine Vernunftehe. An den zwanzig Jahren Altersunterschied störte sie sich nicht.

War eine neue Ehe für sie nicht das einzig Richtige? War sie nicht gar ein Glücksfall?

Johannes Hausschein, genannt Oekolampad, war noch Junggeselle. Als Pfarrer hatte er nicht ans Heiraten gedacht, war es doch bis vor einigen Jahren auch noch gar nicht möglich. Einen geordneten Hausstand hatte er jedoch bis vor kurzem. Seine Eltern Johannes und Anna Hausschein waren zu ihm gezogen. Seine Mutter, eine geborene Baselerin, hatte ihn versorgt. Sie war vor einigen Wochen gestorben. Inzwischen versuchte eine junge schwatzhafte Magd sich bei ihm als Hauswirtschaftsleiterin. Das war für ihn gewiss keine dauerhafte Lösung. Johannes Oekolampad brauchte also jetzt eine Hausfrau. So gesehen war es wohl auch bei ihm eine Vernunftehe.

Wibrandis Oekolampad sollte sie also jetzt heißen. Wibrandis mußte lächeln. Die klugen Männer brauchten wohl die Veränderung ihrer deutschen Namen in entsprechende Namen der Wissenschaft, um ihre Gelehrsamkeit zu zeigen. Oder gehörte es zu ihrem intellektuellen Wohlbefinden? Ihr erster Mann hörte sich gern Cellarius nennen. Keller war vielleicht zu provinziell? Das lateinische Cellarius hieß so viel wie Küchen- oder Kellermeister. Johannes Hausschein hatte seinen Namen wörtlich ins Griechische übersetzt. Da mußte sich Wibrandis helfen lassen. Sie hörte: „Oeko" wie Haus und „lampad" wie Lampe oder Schein. Wieder mußte Wibrandis lächeln. Eigentlich hätte sie sich als junges Mädchen dann „Rosafolia" nennen können. Latein konnte sie ja. Und Rose hieß „rosa" und Blatt „folium". Rosafolia war auch nicht schlecht, aber „Rosenblatt" gefiel ihr doch besser und war volksnäher.

Wibrandis zog mit ihrer kleinen Tochter und der Mutter Magdalena Rosenblatt nun in ein Pfarrhaus. Die Ehe entwickelte sich gut. Es wurde eine Arbeits- und Liebesgemeinschaft. Wibrandis war lernbegierig und wollte ihrem Mann gefallen.

Wie dankbar war sie, dass sie in den Wissenschaften und den Künsten unterrichtet worden war! Wie hätte sie sonst hier in diesem lebendigen Hausstand in rechter Weise dastehen können? Johannes Oekolampad war ein überaus gebildeter Mann und seine Besucher oft nicht minder. Es war ein Kommen und Gehen, ein Diskutieren und Disputieren. Wibrandis durfte wie selbstverständlich an allem teilnehmen. Mutter Magdalena staunte. Wie hatte sich doch in den letzten Jahren das Miteinander zwischen Eheleuten verändert! Oder war das nur in den reformierten Pfarrhäusern so?

Wibrandis hatte Oekolampad schon als Pfarrer an St. Martin in Basel kennen gelernt. Er war jedoch auch Professor der Theologie und Lehrer in Griechisch und Hebräisch. Mit dem großen Humanisten Erasmus von Rotterdam, den auch ihr erster Mann Cellarius verehrt hatte, hatte er an der Herausgabe des Neuen Testaments im griechischen Original gearbeitet. Auf Erasmus war Wibrandis zwar gar nicht mehr gut zu sprechen. Er hatte ja so schnöde über Oekolampad und ihre Ehe gespottet.

Nach einer Zeit des Eingewöhnens in den neuen Haushalt fing Wibrandis an, Oekolampads Schriften zu lesen, um seine Gedanken teilen zu können und seine Philosophie wenigstens annähernd kennen zu lernen.

14

Die Eheleute redeten viel über Theologie. Oekolampad lag daran, dass Wibrandis das Frohmachende des Evangeliums erfuhr.

Johannes Oekolampad hielt an der Universität sehr publikumswirksame Vorlesungen. So sprach man in Basel begeistert von seinen Abhandlungen über das Johannes-Evangelium und über einen Kommentar zum Propheten Jesaja.

Er sprach wie üblich in Latein, fasste die ganze Vorlesung dann aber noch einmal in Deutsch zusammen. Das sprach sich herum, und bald saßen in seinen Vorlesungen außer den Studenten noch fast ein halbes Tausend Baseler Bürger.

Sein Tun war ungewöhnlich und lag wohl mit an seinen pädagogischen Ambitionen. Nach Studien in der Theologie und Berührungen mit der humanistischen Reformbewegung war er einige Jahre Prinzenerzieher in Mainz gewesen. Doch das blieb er nicht.

Nach der Wiederaufnahme und dem Abschluss der theologischen Studien empfing er die Priesterweihe. Im Jahre 151o erhielt er die erste Predigtstelle. Er wendete sich wieder dem Humanismus zu und studierte Hebräisch und Griechisch. Im Jahre 1518 erhielt er die Dompredigerstelle in Augsburg. Dort bekam er hautnah die Auseinandersetzungen mit den Schriften Luthers mit. Denn im selben Jahr fand hier das Verhör Luthers vor Cajetan statt. Er ließ sich zutiefst irritieren von den reformatorischen Erkenntnissen und rang um Klarheit. Darum verließ er seine exponierte Stellung und trat in das Brigittenkloster Albomünster ein. Dort verfasste er eine Reformationsschrift über die Beichte. Das brachte natürlich Spannungen unter den Klosterbrüdern. Oekolampad floh und wurde vorerst Schlosskaplan von Franz von Sickingen auf der Ebernburg. Aber Basel zog ihn wieder an. Als Mitarbeiter eines Buchdruckers arbeitete er weiter an einer Übersetzung der Kirchenväter. Er nahm Kontakt auf mit dem Vorkämpfer der Reformation, Ulrich Zwingli in Zürich. Bald wurde die enge Verbundenheit zwischen dem Züricher Reformator Ulrich Zwingli und dem Baseler Reformator Johannes Oekolampad für beide stärkend. Gemeinsam kämpften die beiden Männer von nun an für die Erneuerung der Kirche in der Eidgenossenschaft, und gemeinsam setzten sie sich auch später mit Luther über die Auffassung des Abendmahls auseinander. Oekolampad wurde der Führer der Evangelischen in Basel. Der Rat der Stadt ernannte ihn bald zum ordentlichen Professor.

Lebendig und inhaltsreich waren die Beziehungen Oekolampads zu den Reformatoren Straßburgs: Matthäus Zell, Wolfgang Fabricius Capito, Martin Bucer und Caspar Hedio. Besonders mit Capito und Bucer verbanden ihn engste Bande der Freundschaft und eine starke Arbeitsgemeinschaft.

Die Beziehung zwischen Oekolampad und Capito wurde schon 1514 geknüpft. Oekolampad studierte in Heidelberg Griechisch und Hebräisch, und Capito versah schon das Amt eines Stiftspredigers in Bruchsal. Seither blieben sie eng verbunden. Als Oekolampad aus dem Kloster Albomünster floh, um dort nicht mundtot gemacht zu werden und untertauchte, suchte ihn Capito. Er ließ sich von seinem Brotherrn, dem Erzbischof von Mainz und Magdeburg, Urlaub geben und ritt von Halle aus südwärts, um Oekolampad zu finden und ihm eventuell zu helfen. Der Weg führte ihn auch nach Mainz zu Caspar Hedio, der dort als Domprediger wirkte. Große Überraschung: Bei Hedio saß in angeregtem Gespräch Oekolampad. Nach weiteren Stationen erhiel-

16

ten beide ihren Wirkungsbereich in den altverbundenen Schwesterstädten am Oberrhein. Oekolampad in Basel und Capito in Straßburg.

Wibrandis wurde schnell in die Freundschaften ihres Mannes mit den Reformatorenhäusern in Zürich und Straßburg mit eingebunden. Bald wechselte sie Grüße mit Zwinglis Frau Anna Reinhard, mit Agnes Roettel, verheiratet mit Capito und Elisabeth Silbereisen, der Frau von Bucer, der sie auch den begehrten Schweizer Käse besorgte.

Zum Entsetzen des Ehepaares Oekolampad erfuhren sie, dass Erasmus von Rotterdam noch mehr Schlimmes über seinen Mitarbeiter Oekolampad gesagt hatte, als er von dessen Heirat erfuhr. „Oekolampad hat eine nicht unfeine junge Frau geheiratet, wohl in der Absicht, in der Fastenzeit sein Fleisch zu geißeln".

Oekolampad beruhigte Wibrandis. „Lass, das ist ein Lästermaul! Vor dreieinhalb Jahren hat er ähnlich schnöde auf Luthers Eheschließung reagiert. Damals verkündete er laut, Luther hätte das Weibsbild, die entlaufene Nonne, nur geheiratet, weil er sie bereits geschwängert hatte. Doch das Kind Luthers wurde viel später geboren. Du weißt ja selbst genau, wir haben unser Fleisch nicht gegeißelt. Man sieht es schon. Du bekommst ein Kind, eine Frucht unserer Liebe." Und liebevoll strich Johannes Oekolampad seiner Frau Wibrandis über den leicht gewölbten Leib.

Doch Wibrandis sah nicht ohne Bangen ihrer Niederkunft entgegen. Würde ihr Gott ein gesundes Kind schenken? War es auch wirklich ganz in Ordnung, dass sie einen Pfarrer geheiratet hatte? Oder würde sie ein „Teufelskind" gebären, wie manche tuschelten?

Kurz vor Weihnachten gebar Wibrandis einen Sohn,

den sie Eusebius nannten, was so viel wie „fromm" heißt. Er war sehr zart, und lange wussten die Eltern nicht, ob er überleben würde. Doch Eusebius schaffte es. Er gedieh bald prächtig und schien rundum gesund.

Radikale Reformen

Nicht lange danach war Wibrandis die Frau des Münsterpfarrers. Die Familie zog ins Pfarrhaus am Hasengässlein. In der Doppelfunktion als Professor und Pfarrer des Münsters führte Oekolampad in Basel die Reformation zum Durchbruch. Aber er und seine Freunde gingen recht radikal vor. So forderten sie, dass alle Bilder aus den Kirchen entfernt und die Messfeiern verboten werden sollten.

Besonders hart erschien es Wibrandis, dass die Katholiken aus dem Stadtrat ausgeschlossen werden sollten. Das sah sie nicht ein. Man wechselte doch nicht so schnell seine Konfession! Zumindest nicht dann, wenn zu wenig Gelegenheit oder auch wenig Interesse da war, sich mit Erneuerungen auseinander zu setzen. Wibrandis selbst war einen längeren und intensiven Weg gegangen, bis sie zum protestantischen Glauben fand. Sie konnte sich im Gespräch schon mit ihrem ersten Mann damit beschäftigen. Und durch das Leben und Denken mit ihrem Mann Oekolampad hier im Pfarrhaus war es ihr ganz selbstverständlich und für sie klar entschieden, dass sie die Reformgedanken als den richtigen Weg empfand. Sie war jetzt bewusst eine Protestantin.

Aber alle Katholiken aus dem Stadtrat hinaus? War das nicht rigoros und diktatorisch? Sie musste an ihren verstorbenen Vater denken, der auch einmal im Stadtrat saß. Er war aufrecht und rechtschaffen und würde sicherlich schon allein wegen dieser unbotmäßigen Maßnahme den alten Glauben nicht aufgeben.

Sie dachte auch an ihre Freundin Theresa und ihren Mann. Beide fromme Katholiken und er im Stadtrat. Er musste also im Rathaus seinen Stuhl räumen?

Johannes Oekolampad verteidigte die Maßnahme, an der er führend beteiligt war, als richtig. Nur wenn die Ratsherren alle Protestanten seien, könne in der Stadt der neue Glaube wirksam eingeführt werden!

Turbulent wurde es in der Stadt. Der Stadtrat zögerte, der Forderung der radikalen Reformer nachzugeben. Doch da rottete sich das Volk zusammen. Als nach drei Tagen noch kein Entschluss des Rates vorlag, stürmten sie vom Barfüßerplatz aus den Berg hinauf zum Münster. Wibrandis war auf dem Weg zum Markt, als die Meute ihr entgegenkam. Furcht packte sie. Es war nicht gut, weiterzuziehen. Viele der Männer führten irgendwelche Gerätschaften mit sich. Wibrandis trat in einen Hauseingang und wartete ab. Lange musste sie da stehen bis die grölende Horde an ihr vorbei war. Den Berg wieder hinaufgehen mochte sie nicht. Womöglich hielt man sie noch für eine Aufrührerin, zumindest für eine Mitläuferin. Sie ging weiter auf ihrem Einkaufsweg, war mit ihren Gedanken jedoch woanders.

Die Gemüsefrauen waren fast alle auf ihrem Platz. Hinter den Ständen mit Gewürzkörben und Mehl- und Grützesäcken harrten heute nur wenige Männer, meist ältere. Ihre Gesichter schienen sorgenvoll und lauschend auf ferne Geräusche.

Als Wibrandis mit ihrem gefüllten Korb den Münsterberg hinaufschritt, zeigte sich ihr ein entsetzlicher Anblick. Die schöne aus Stein gehauene Marienfigur und der heilige Johannes lagen zerschlagen auf dem Pflaster. Die geschnitzten Heiligenbilder und Heiligenfiguren an und vor den Häusern waren zerhackt oder mit kleinen Brandsätzen angekokelt. Wibrandis traten die Tränen in die Augen.

Jahrhunderte alte Kunstschätze und Bilder, als Ausdruck einer tiefen Frömmigkeit gestiftet, erspart, in langer Zeit mit Hingabe und Verehrung gestaltet, wurden hier in nur einer Stunde zerstört. Warum nur, warum?

Vom Münster her hörte sie noch lautes Geschrei und dumpfe Schläge. Wibrandis flüchtete ins Pfarrhaus. Im Kinderzimmer krähte der kleine Eusebius, und die Tochter Wibrandis lief jauchzend auf sie zu. Ihre Mutter saß mit einer Näharbeit am Fenster. Hier war Geborgenheit und ein friedliches Leben.

Am Nachmittag kam ihre Freundin Theresa mit ihren beiden Söhnen Philipp und Martin. Auch Wibrandis war wieder schwanger. Die beiden jungen Frauen hatten Angst. Sieht so ein neuer Glaube aus?

Mit hängenden Schultern und sorgenvollem Gesicht kam Oekolampad, sichtbar niedergeschlagen, ins Pfarrhaus zurück. Im Münster hatte der Pöbel gehaust. Die aufgewiegelten Menschen hatten nicht die Klugheit und Größe, um neben Heiligen-Statuen und -Bildern stehen zu können. Hatten die Reformatoren sie in diesem Fall?

Der Stadtrat gab verstört nach. Die katholische Messe wurde abgeschafft. Jedermann wurde nun gezwungen, das Abendmahl in beiderlei Gestalt zu empfangen. In ganz Basel wurde es nun nach Zwinglis Verständnis als Erinnerungsmahl gefeiert.

Wibrandis nahm gern am Abendmahl teil. Es stärkte

20

sie und machte sie froh. Nur die Rigorosität und die Unduldsamkeit, die mit der Einführung des Abendmahles in beiderlei Gestalt einherging, betrübte sie. Die radikalen Reformer, mit ihrem Mann an der Spitze, setzten es durch, dass die Altgläubigen, die das nicht mitmachen wollten, die Stadt zu verlassen hatten.

So war es in Basel. In anderen Städten regierten die Katholiken und vertrieben oder verfolgten die Protestanten. Immer wieder hatte Wibrandis Pfarrer und Flüchtlinge zu beherbergen. Turbulent ging es oft zu. Das Vordringen der Reformation und die gangbaren Schritte zur Umsetzung machten immer wieder Beratungen nötig.

Für Wibrandis wurde klar, dass die Reformatoren keine neue Kirche gründen wollten. Sie brachten auch keine neue Lehre, sondern holten die alte christliche Lehre hervor, die durch Neuerungen des Papsttums überdeckt war. Sie hofften deshalb auf eine Reformation der ganzen Kirche. Doch daraus wurde nichts. Die höhere Geistlichkeit verschloss sich bis auf wenige Ausnahmen der Reformation. Weil sich auch der Kaiser gegen sie entschied, war die reformatorische Predigt von Anfang an auf die Duldung der kommunalen und territorialen Mächte angewiesen.

Viele Konferenzen fanden im Haus des Münsterpfarrers statt. Bekannte und engagierte Reformatoren waren oft für längere Zeit hier zu Gast. Wibrandis waltete bescheiden im Hintergrund. Doch die warme, anheimelnde Atmosphäre, die sie zu verbreiten verstand, war überall zu spüren. Meist standen Wein und helle Brote auf dem Tisch, immer aber Blumen und Obst.

Sorgen um die Täuferbewegung

In ihrem Haus lernte Wibrandis den führenden Straßburger Pfarrer Wolfgang Capito kennen. Mit Zwingli arbeitete er entscheidend an der Berner Disputation. Im Baseler Münsterpfarrhaus entpuppte sich Capito als vielseitig Gebildeter. Wie sich im Gespräch herausstellte, war er im Besitz des medizinischen und des juristischen Doktorgrades. Basel kannte er gut. Hier hatte er früher mit Erasmus zusammen gearbeitet. Mit Zwingli und Luther stand er in regem Briefkontakt. Wibrandis staunte immer wieder, dass alle diese tüchtigen Menschen miteinander verbunden zu sein schienen. War das ihr Tun, oder Gottes Werk? Ihr schien es, als ob Gott all diese Männer brauchte und gebrauchte, um sein Reich in Ordnung zu bringen.

Und zur Zeit war vieles nicht in Ordnung. Eine allgemeine Sittenlosigkeit hatte sich ausgebreitet. Die Proklamation von der Freiheit eines Christenmenschen hatte, völlig missverstanden, zu einem Ausleben der menschlichen Triebe geführt. So wurde der Missbrauch der evangelischen Freiheit, der sich in Sittenlosigkeit und vielfacher Unmoral ausdrückte, für viele vom Volk, meist Bauern und Handwerker, ein Grund, sich den Täufern anzuschließen. Diese verkündeten, dass der Glaube nicht äußere Unterwerfung unter bestimmte Lehren und Gebote sei. Er sei vielmehr natürliches, persönliches Leben und die Erfahrung des in Christus wirksamen Gottes und müsse ein heiliges Leben und gute Werke zur Folge haben. Sie hatten die Erwachsenentaufe zum Bekenntnis erhoben.

Oekolampad tauschte sich mit Capito über die Täuferbewegung aus, die von Zürich ausgehend immer größere Ausmaße annahm. Viele wollten einen stärkeren Bruch mit der alten Kirche und ihrer Betonung der Sakramente. Die Verfechter einer weitergehenden Reformation, die meist mit einem scharfen Antiklerikalismus verbunden war, wollten eine völlig gereinigte Christenheit wieder herstellen. Das schien ihnen nur möglich, wenn Erwachsene sich aufgrund eines Bekenntnisses taufen ließen. Über deren christliche Lebensführung sollte dann durch strenge Gemeindezucht gewacht werden.

Wibrandis hörte, wie sich die beiden Männer besorgt über die Sittenlosigkeit allerorts unterhielten. Das war in ihren Städten Straßburg und Basel so, aber sie hörten es auch aus Wittenberg. Die Beobachtung des Mangels an sittlichen Früchten der Reformation in den Orten der neuen Kirche musste schon enttäuschend auf die Frommen wirken. Sie kreideten den Reformatoren die schroffe Betonung von Lehren an, die in der Öffentlichkeit nichts bewirkten. Aber der Verkündigung müsse unabdingbar die äußere Ordnung entsprechen.

Für diese sich ausbreitenden Gruppen machte die erneute Taufe den wahren Christen aus. Doch bald war nicht mehr die Tauffrage allein entscheidend, sondern eine ganze Reihe von Sonderlehren und -praktiken in dogmatischer und polemischer Hinsicht. Die Haltung gegenüber der offiziellen Kirche versteifte sich. Um gegensteuern zu können, bissen sich die Reformatoren weiter in theologischen Lehrfragen fest. Ihr Eintreten für ein ehrbares, von Gott gefordertes Leben wurde nicht gehört oder war zu schwach.

Die Täufer verunsicherten als Volksbewegung auch viele Obrigkeiten. Sie schwammen in einem breiten

Strom politischer, chaotischer Opposition, lehnten alle Autorität ab und proklamierten radikale utopische Neuerungen.

Seit hunderten von Jahren war es nun schon verboten, sich zum zweiten Mal taufen zu lassen oder andere zum zweiten Mal zu taufen. Sogar bei Strafe des Todes. Darauf wies jetzt Kaiser Karl V. am Anfang eines Gesetzes hin, das er gegen die Taufgesinnten erließ.

Darin stand unter anderem: „Jeder Wiedertäufer und jeder Wiedergetaufte, Mann oder Weibsperson verständigen Alters, soll vom natürlichen Leben zum Tode mit Feuer oder Schwert oder dergleichen gerichtet und gebracht werden.

Jeder ist verpflichtet, seine Kinder nach christlicher Ordnung in der Jugend taufen zu lassen, und wer das verachtet in der Meinung, als ob die Kindstaufe nichts sei, der soll als Wiedertäufer gesehen und wie solcher bestraft werden. Jeder macht sich strafbar, der einem Wiedertäufer Unterkommen gewährt."

Capito erzählte, dass neben Tirol besonders stark das Herzogtum Bayern von dem Täufertum ergriffen sei. Von Augsburg aus verbreiteten sie sich über das ganze Bayernland. In Dörfern predigten sie, und in Scheunen wurde getauft. Für die alte und die neue Kirche stände viel auf dem Spiel. Das wäre wohl ein Argument für die grausamen Verfolgungen der Täufer. In Augsburg und auch in München wurde die scharfe Parole ausgegeben: „Alle Wiedertäufer sind mit dem Tode zu bestrafen. Wer widerruft, wird geköpft; wer nicht widerruft, wird verbrannt."

In manchen Gebieten wurde förmlich Jagd auf die Täufer gemacht. Die Kerker seien überfüllt von ihnen, hieß es. Frauen und Männer gingen beherzt, Gott lo-

24

bend, in den Feuertod. Capito wusste auch von einem Ort zu erzählen, wo eine kleine Täuferversammlung samt dem Haus verbrannt wurde.

Die beiden Männer und Wibrandis waren erschüttert und machten bestürzte Gesichter. In Basel gab es doch auch kleine Täufergruppen, die sich bisher aber ruhig verhielten. Capito erzählte, dass es in Straßburg viele schweizerische Täufer gäbe. Straßburg zog die Täufer ebenso an wie verfolgte Reformierte. Das lag an dem Ruf von Milde und Mäßigung, den die Obrigkeit dort genoss. Während andere Städte die Täufer ertränkten oder verbrannten, hielt Straßburg an seiner menschlichen Tradition fest. Seine Bürger waren stolz darauf. Der Hintergrund des Humanismus sei offensichtlich ein einflussreicher Faktor für die Toleranz der Obrigkeit.

Ökumenisches Laiengespräch

Theresa kam auf einen kurzen Besuch. Eine schwerwiegende Frage lag ihr auf der Seele. „Wibrandis, wenn ich die Protestanten richtig verstehe, gibt es bei ihnen gar keine Todsünde?"

Wibrandis antwortete ihr: „Da hast du recht. Eine Todsünde ist etwas sehr Schreckliches, etwas so Endgültiges. Ein Verdammungsurteil in ewigen Feuerqualen—. Kein Herauskommen aus diesem Feuer. Was hatten wir alle Angst davor! Und die Kirche hat doch diese Angst geschürt. Die einen sagten, die Priester wollen uns vor diesen Qualen bewahren, die anderen meinten, die Pfaffen wollen nur Geld eintreiben. Mit Geld sollte und wollte man einen Erlass der Kirchenstrafen oder eine Verkürzung des Fegefeuers vor dem Eingehen in den Himmel erhalten – Ablass. Mein Vater war damals schon skeptisch, ob das wohl so gelänge."

„Ja, aber was ist nun mit der Todsünde?"

„Eine Todsünde mit einer ewigen Verdammung gibt es nicht, so jedenfalls predigen Oekolampad und seine Freunde. Wenn einer seine Verfehlung und seine Sünde von Herzen bereut, wird er dafür vom Weltenrichter nicht mehr angeklagt. Die Schuld und die Sünde ist für uns alle getilgt durch den Kreuzestod von Jesus. Jesus Christus ist für unsere Schuld am Kreuz gestorben. Durch Jesus sind wir mit Gott versöhnt."

„Das kann ich nicht ganz glauben. Danach könntet ihr Evangelischen die schwerste Schuld auf euch laden und alles ist vergessen vor Gott, weil ihr meint, Jesus hat für diese Schuld bezahlt?"

„Ja, und doch wieder nein. Ich darf nicht vorsätzlich etwas Böses tun. Aber wenn ich in eine Schuld verstrickt bin, wenn ich etwas ganz Schlimmes getan habe, kann ich Gott um Vergebung bitten. Gleich Gott selbst! Ich brauche da keinen Vermittler durch Heilige oder Maria. Wenn ich bereue, werde ich von meiner Schuld reingewaschen wegen Jesus."

„Das hat mir aber noch kein Priester gesagt!"

„Das ist ja gerade die große Not der Menschen. Viele laufen belastet und voll Angst durch die Tage. Sie sehen über sich einen Richtergott, der wie ein Kaufmann einen Schuldschein ausschreibt. Sie meinen, beim Tod rechnet Gott hartherzig alles zusammen, und das fürchterliche Fegefeuer oder gar die Hölle ist gewiss."

Theresa entgegnete leise: „Aber so ist es doch. Meine Eltern, mein Mann und ich versuchen doch deshalb

26

möglichst viel Gutes zu tun, damit das Schlechte aufgewogen wird."

„Gutes tun sollen alle Christen! Aber nicht wegen der Aufrechnung guter Werke, sondern weil Jesus Christus uns mit seinem Tod ein so großes Geschenk gemacht hat."

„Naja, wenn das man kein Trugschluss ist! Dazu fehlt mir der Glaube, wohl euer evangelischer Glaube."

„Ja, das ist das Evangelium, die frohe Botschaft Jesu. Wir sollen uns nicht fürchten. Wir sind geliebte Kinder Gottes.

Ich muss dir noch von meiner Tante Martha erzählen. Sie glaubte, eine Todsünde getan zu haben. Zur Zeit der Pest schickte ihre Stiefschwester zu ihr und bat um Hilfe. Zwei ihrer Kinder waren schon an dieser fürchterlichen Seuche gestorben. Jetzt fühlte sie, dass sie sich angesteckt hatte. Sie litt unter starken Kopfschmerzen und klagte, unter ihrem Arm wachse schon ein Geschwür. Sie hatte Angst, so allein dahin zu siechen. Meine Tante Martha hatte nun aber wohl auch berechtigte Angst, sich selbst anzustecken.

Sie zögerte ein paar Tage lang. Als sie dann zum Haus ihrer Schwester Else ging, war der Raum vom Pestgestank erfüllt. Vorsorglich hatte sich Tante Martha ein angefeuchtetes Mundtuch mitgenommen, das sie sich vor die Nase band.

Die Kranke lag mit fieberheißem Kopf auf ihrem Lager und wimmerte: ‚Wasser, Wasser.' Mit einem kleinen Krüglein versuchte sie, der Kranken zu trinken zu geben. Aber obwohl der Durst so stark war, fehlte die Kraft, das Wasser aufzunehmen. Meine Tante benetzte ein Tüchlein mit Wasser und legte es ihr auf die spröden Lippen. Doch die ersehnte Feuchtigkeit sickerte an den Mundwinkeln herunter. Tante Martha war zu spät gekommen.

Sie hatte zu lange gezögert, ihrer Schwester zu helfen.

Tante Martha wusste, die unterlassene Hilfeleistung war eine Todsünde. Sie würde dafür einmal schrecklich büßen müssen. Es nützte nichts, dass ihre älteren Kinder sie damit trösteten, dass doch die Angst vor Ansteckung so natürlich gewesen sei. Tante Martha grämte sich. Sie konnte nicht mehr fröhlich sein. Sie hatte keinen Appetit mehr und wurde blass und schwach. Sie verlor ihre Körperfülle. Die Angst vor der Ewigkeit wegen ihrer Todsünde machte sie fast irre.

Dann besuchte sie mein Mann Johannes Oekolampad. Der sprach ihr vom Evangelium. Er erzählte ihr von der Liebe Gottes und von der befreienden Gnade. Nun, Tante Martha konnte das auch nicht gleich glauben. Aber sie lechzte, mehr von Gottes Gnade zu hören. Mein Mann hat sie noch öfter besucht. Wie eine Verdurstende hat sie an seinen Lippen gehangen. Das hat sie mir später einmal gesagt. Sie hat schließlich die befreiende Gnade als Geschenk Gottes für sich angenommen. Sie geht viel in evangelische Gottesdienste und lässt sich stets von Neuem beschenken.

So war das mit meiner Tante. Die Todsünde hat sich für sie aufgelöst. Sie weiß, dass sie sich damals schuldig gemacht hatte. Sie hat es gestanden und bereut und die Zusage des Pfarrers erhalten: ‚Dir sind deine Sünden vergeben im Namen Gottes, des Vaters und des Sohnes und des Heiligen Geistes.'"

„Huch, das ist ja eine tolle Geschichte! Darüber muss ich ganz für mich allein einmal nachdenken. Ablass für Sünden, Angst vor Todsünde, Fegefeuer – es liegt alles so tief in mir. Du bringst mich ganz durcheinander mit euren evangelischen Ansichten!

Doch für heute genug. Sei gesegnet!"

Wibrandis begleitete die Freundin zur Tür. Sie hatte

ihr bewusst verschwiegen, was man hinter vorgehaltener Hand über Albrecht von Brandenburg sprach. Er habe für seine drei Bischofshüte, den von Magdeburg, den vom Bistum Halberstadt und schließlich noch für den Mainzer Bischofsstuhl der Kirche viel Geld gegeben. Dafür durfte dann Albrecht die Hälfte des Ablasses für den Petersdom in Rom für sich behalten, um das von den reichen Fuggern geliehene Geld zurückzuzahlen. Doch so stark irritieren wollte Wibrandis ihre Freundin nicht.

Anna und Ulrich Zwingli

Auch Ulrich Zwingli war mit seiner Frau Anna Gast im Baseler Münsterpfarrhaus. Zwingli, beeinflusst durch Erasmus und durch Martin Luther, kämpfte engagiert gegen die Missbräuche in der Kirche. Er war gegen die Verbindlichkeit der Fastengebote und gegen das Priesterzölibat. Auch er verbannte die Bildwerke aus der Kirche und dazu auch die Musik aus dem Gottesdienst.

Zwingli wollte mit Oekolampad nach Marburg. Dort sollten Religionsgespräche um Differenzen in der Abendmahlslehre stattfinden. Seine Frau Anna sollte sich auf der Reise ein bisschen erholen. Im Gebiet des Landgrafen von Hessen sollte es sehr schön sein.

Wibrandis freute sich sehr, dass Anna Zwingli in ihrem Haus zu Gast war. Es kam selten vor, dass einer der eiligen und vielbeschäftigten Männer einmal seine Frau mitbrachte.

Wibrandis und Anna Zwingli waren sich bald freundschaftlich zugetan. Sie beschlossen, in der Woche, in der die Männer in Marburg weilten, zusammenzubleiben und sich weiter auszutauschen. Wer weiß, was Anna beim Landgrafen in Hessen erwartete. Hier war es schön, und ein Gespräch unter Frauen tat einmal gut.

Auf einem Kaufleuteschiff fuhren die beiden Reformatoren auf dem Rhein allein von Basel nach Straßburg, wo sie einige Tage bei Katharina und Matthäus Zell wohnten und diskutierten. Danach nahmen sie sich Pferde und ritten mit den Straßburgern Bucer und Hedio unter militärischem Schutz nach Marburg.

Inzwischen machten Wibrandis und Anna es sich gemütlich. Die Gespräche wurden für beide ein Gewinn. Wibrandis erfuhr viel aus Annas bewegtem Leben.

Anna Zwingli war knapp zwei Jahrzehnte älter als Wibrandis. Auch sie lebte mit Zwingli in zweiter Ehe. Anna hatte eine schicksalsträchtige erste Ehe hinter sich. Sie war eine Gastwirtstochter aus Zürich. Der Adlige Hans Meyer von Knonau verliebte sich in das glutäugige, lebhafte Mädchen. Aber sein Vater Gerold war darüber gar nicht begeistert. Schnell arrangierte er für ihn eine lukrative Adelspartie.

Doch Hans Meyer blieb bei Anna und heiratete sie. Die Folge war, dass sein erboster Vater ihn enterbte und enteignete. Das war bitter für die Ehe und die bald wachsende Familie. Denn Hans hatte, wie bei Adelsfamilien meist üblich, keinen Beruf. Um Frau und Kinder ernähren zu können, nahm er bei den Schweizer Söldnern Dienst an. Zur Familie gehörten bald drei Kinder. Ein Sohn, der trotz der Zerwürfnisse nach dem Großvater Gerold genannt wurde, und die beiden Töchter Margarethe und Agathe.

Als der kleine Gerold drei Jahre alt war, nahm ihn das Kindermädchen mit auf einen Spaziergang. Am Markt saß der Großvater vor einer kleinen Schänke. War es die Familienähnlichkeit des kleinen Jungen oder eine blasse Erinnerung an einen Enkel in dem Alter? Gerold Meyer von Knonau sprach das Kindermädchen an. Als er erfuhr, dass der kleine Junge Gerold Meyer von Knonau sei, traten ihm Tränen in die Augen. Er erkannte in ihm seinen Enkel, der auch noch seinen Namen trug! Gerührt nahm er den Jungen auf seine Knie und weinte still.

Nach Verhandlungen mit den Eltern nahm der alte Adelsherr seinen kleinen Enkel in seiner Familie auf, ohne aber Sohn und Schwiegertochter zu verzeihen.

Dreizehn Jahre nach der Hochzeit und nach einem strapaziösen Soldatendienst, kam Hans gesundheitlich ruiniert nach Hause und starb bald darauf. Anna blieb mit ihren zwei kleinen Töchtern in ganz bescheidenen Verhältnissen zurück. Nach drei Jahren Witwenschaft kam ihr Sohn Gerold wieder zu ihr. Die Großeltern waren beide verstorben. Mit Gerold kam auch etwas Geld, was Anna ermöglichte, mit ihren Kindern standesgemäß zu leben.

Nach fünf Jahren Witwenschaft hielt der bekannte Züricher Reformator Zwingli um ihre Hand an. Anna war überrascht. Ulrich Zwingli war Pfarrer! Voll Freude und aufglimmender Erwartung gab sie ihm ihr Jawort. Sie zog mit ihren drei Kindern ins Pfarrhaus. Die Seidenkleider, die sie als Adlige trug, legte sie in eine Truhe. Sie trug jetzt einfache Kleidung, wie es sich für eine Pfarrfrau schickte.

Ihr Mann war viel beschäftigt und überließ es ihr allein, sich in Haus und Hof einzugewöhnen. Durch ihren ersten Ehemann und ihre lange Witwenschaft war es

Anna auch nicht unbekannt, dass sie allein zu sorgen hatte. Neu war, dass Zwingli nach Möglichkeit zu den Essenszeiten da war. Die Mahlzeiten hatten pünktlich auf dem Tisch zu stehen. Sich daran zu gewöhnen, war nicht gerade leicht für Anna. Ihre Tageszeitplanung wurde durch die Mahlzeiten geprägt. Sie musste sich tummeln, um die Speisen pünktlich auf dem Tisch zu haben. Doch zu ihrer besonderen Freude nahm Ulrich stets Anteil am Ergehen ihrer Kinder, die munter mit am Tisch saßen.

Ulrich Zwingli durchlebte gerade in der ersten Zeit ihrer Ehe, das waren die Jahre 1522 und 1523, tiefe Spannungen mit der katholischen Kirche. Zwei Jahre davor hatte er sich bereits von der Papstkirche abgewandt, indem er einen päpstlichen Ehrensold ausschlug. Dann, in der vorösterlichen Zeit, hatten einige seiner Freunde das Fastengebot gebrochen. Zu ihrer Verteidigung schrieb Zwingli die erste reformatorische Schrift. Der Rat der Stadt Zürich wurde unruhig und bat den Bischof von Konstanz, die aufgeworfenen Fragen in einem Konzil zu beantworten. Als der Bischof nicht reagierte, bat Zwingli selbst den Rat, Priester, Religionswissenschaftler und einen Abgeordneten des Konstanzer Bischofs zu einem Glaubensgespräch einzuladen.

Wibrandis hörte angespannt zu. Ihr wurde bewusst, dass Oekolampad ihr davon erzählt hatte. Zwingli hatte mit dieser Disputation etwas in Gang gesetzt.

In vielen Städten wurde von den Bürgergemeinden zu theologischen Disputationen eingeladen. Die sollten die Entscheidung der Räte darüber, ob die bisher gültige oder die neue Lehre wahr sei, vorbereiten.

Wibrandis wurde warm ums Herz. Der Vorreiter Ulrich Zwingli war jetzt mit ihrem Mann Johannes Oekolampad in Glaubensgesprächen unterwegs, und sie saß hier mit seiner liebenswerten Frau Anna.

Anna erzählte weiter: „Der Rat lud für den 29. Januar 1523 zu einer Disputation ein. Ulrich Zwingli war eifrig damit beschäftigt, als Gesprächsgrundlage Thesen zu entwerfen." Anna spürte seine geistige Anspannung und hielt die Kinder an, ruhig zu sein.

„Ulrich hatte 67 Thesen aufgestellt, in denen er die evangelische Lehre in knapper Form zusammenfasste. Von katholischer Seite kam gar nichts; ja, die katholischen Vertreter in der Stadt verweigerten überhaupt die Diskussion. Daraufhin entschied der Rat zugunsten Zwinglis. Er sollte in seiner Arbeit fortfahren und nach Kräften das Evangelium verkündigen und ebenso alle anderen Geistlichen von Stadt und Landschaft Zürich.

Ach, Wibrandis, lassen wir die Männer mit ihren Spitzfindigkeiten um Aussagen zur Religion. Manches ist mir unverständlich. Nehmen sie es nicht oft zu genau und stoßen dabei andere Gläubige vor den Kopf? Ich habe es indes gut an Zwinglis Seite. In einem Pfarrhaus zu leben, bringt Arbeit und Freude. Im zweiten Ehejahr habe ich eine Tochter geboren. Darauf folgten nach je zwei Jahren zwei Söhne. Und es könnte sein, dass ich wieder schwanger bin. Wir werden sehen, was das Jahr 1530 bringt."

Wibrandis legte ihre kleine Tochter Irene zurück in ihr Körbchen. Die beiden Frauen machten einen Spaziergang durch den Garten. Es schien ihnen, als ob beide Männer besondere Eiferer um den rechten Glauben waren. Bis an den Rand ihrer körperlichen Kräfte setzten sie sich ein. Beide hatten viele Freunde, aber auch heftige Gegner.

Als die beiden Reformatoren nach Basel zurückkehrten, wurden sie von einer Schar von 2o Reitern in die Stadt eingeholt. Eine hohe Ehrbezeugung!

Aber Zwingli und Oekolampad kamen enttäuscht aus Marburg zurück. Zu einer Einigung über die entscheidenden Fragen nach der Art der Präsenz, der Gegenwart Christi im Abendmahl war es nicht gekommen. Immerhin wollte man den anderen in christlicher Liebe begegnen.

Der gebildete Christ Landgraf Philipp von Hessen war stets bedacht, alle theologischen Auseinandersetzungen auf friedlichem Weg und in brüderlicher Liebe zu klären. Aus den frühen Schriften Luthers hatte er die Überzeugung gewonnen, dass es in Glaubensfragen keinen Zwang geben darf.

Philipp von Hessen hatte die führenden Theologen eingeladen, weil die Differenzen in der Abendmahlslehre ein politisches Bündnis der Evangelischen verhinderten. Von den in der Abendmahlsfrage anders ausgerichteten Theologen waren die Wittenberger Martin Luther und Philipp Melanchthon da. Während Melanchthon und Bucer vermittelnd wirkten, blieben die anderen fest bei ihrer Auslegung. Für Luther blieb beim Abendmahl die reale Präsenz in Brot und Wein. Während die Süddeutschen und die Schweizer eine rein symbolische Auffassung vertraten und meinten, die Elemente wiesen als bloße Zeichen auf Leib und Blut Christi hin, bestand Luther darauf, dass sie es auch wirklich seien.

Wibrandis stöhnte, als sie das hörte. Entstehen nicht alle Deutungen in menschlichen Köpfen? Ob sie vom Geist Gottes getragen oder eingegeben sind, wird doch hier nicht deutlich! Das Streitgespräch in Marburg verstehen normale Menschen gar nicht. Von religiösen Gefühlen und Bedürfnissen geleitet, gehen sie zum Abendmahl. Die Spitzfindigkeiten der Theologen interessieren sie gar nicht. Aber ein Jammer ist das alles schon! Da freuen sich Menschen darüber, dass sie das Abendmahl jetzt in beiderlei Gestalt nehmen können, und ihre Pfarrer streiten sich mit spitzfindigen theologischen Argumenten!

Zwinglis blieben noch über den nächsten Sonntag. Ulrich Zwingli predigte im Münster. Dann kehrten sie nach Zürich zurück.

Buntes Pfarrhausleben

Im Jahr darauf, es war 1530, kam Capito von Straßburg her, um mit Oekolampad zusammen zu einer Tagung nach Zürich zu reisen. Der Bürgermeister und der Oberzunftmeister bewirteten ihn und Oekolampad bei Capitos Ankunft und auch wieder bei der Abreise. Das zeigt das gute Verhältnis, das Oekolampad mit den Stadtoberen hatte. Neben seiner vielen Arbeit besuchte er fast täglich das Rathaus und ließ die Herren dort an den theologischen Fragen teilnehmen. Dazu visitierte Oekolampad Schulen und Pfarrer, schrieb Kommentare, predigte und hielt Vorlesungen. Die Tage waren bis in die Nächte gefüllt.

Martin Bucer kam ins Baseler Pfarrhaus am Hasengässlein und erzählte vom Augsburger Reichstag und von seinem Besuch bei Martin Luther auf der Feste Coburg. Alles hoch interessant und wichtig.

Alles musste ausgewertet werden. Neue Gäste kamen und gingen. Fast immer ging es in den Gesprächen um Glaubens- und Auslegungsfragen.

Auch eine Delegation von Waldensern war einige Tage zu Gast im Hause Oekolampads. Die Abgesandten aus Oberitalien kamen mit einem Fragebogen, um sich über die reformierte Theologie zu unterrichten. Sie waren damit auch schon bei Oekolampads unermüdlichem Freund Guillaume Farel in Neuchatel gewesen, während eine andere Delegation in Straßburg Capito und Bucer besuchte. Es sah wohl so aus, als ob die Waldenser sich diesen Reformatoren anschließen wollten. Oekolampad gab ihnen einen langen Brief mit Erläuterungen mit.

Guillaume Farel, der mit großem Erfolg die Westschweiz reformierte, unternahm eine Missionsreise zu den Waldensern. Oekolampad war darüber sehr glücklich, denn sein Freund Farel war ein praktischer und mutiger Reformator und ein gewaltiger Prediger.

All dies bunte Leben machte ein Pfarrhaus aus, so es einen tüchtigen Pfarrer und eine rührige Pfarrfrau hatte. Wibrandis fühlte sich dabei wohl. All die Anregungen, die sie erhielt, machten die Plackereien um den Haushalt wett.

Zeitweise machten Wibrandis allerdings auch Sorgen und Nöte um Oekolampad zu schaffen. Im Frühjahr 1531 hatte er besonders harte Kämpfe zu bestehen, weil er die Kirchenzucht durchführen wollte und die Bewegung des Täufertums niederringen half. Es kam vor, dass im Pfarrhaus zu allen Tages-, sogar Nachtzeiten, seine Gegner auftraten und ihm heftige Szenen machten. Das belastete natürlich alle Pfarrhausbewohner.

Mitten aus diesen Spannungen musste er heraus und nach Ulm reisen. Nur ungern, zumal Wibrandis wieder schwanger war. Als er zurückkehrte war sein drittes Kind, eine Tochter, geboren.

Sie nannten sie Aletheia. Vier Kinder und den großen

Haushalt hatte Wibrandis nun zu versorgen. Ihre Mutter half nach besten Kräften mit. Aber lachen musste sie doch, als sie von einem Brief ihres Mannes an seinen Freund Guillaume Farel erfuhr. Darin stand ein kleines Loblied über sie und unter anderem „ich wollte freilich lieber, sie wäre älter, aber bisher ist noch kein Zeichen jugendlicher Ausgelassenheit erschienen." Das war fast lustig! Mit wem sollte sie ausgelassen herumtoben? Höchstens einmal mit den Kindern. Sonst hatte sie gar keine Zeit und keine Gelegenheit. Und hätte sie sie, würde und dürfte sie sie als Pfarrfrau so nutzen?

Von Anna Zwingli erhielt Wibrandis einen langen Brief. Sie hatte eine kleine Tochter, eine Anna, geboren und war wieder wohlauf. Ihr Mann war viel unterwegs. Er besuchte die einzelnen Kantone. Nach einem wenig überzeugenden Frieden mit den Katholiken waren die Protestanten unruhig. Anna fürchtete sich vor einem erneuten Religionskrieg.

Auch mit den beiden Frauen der Straßburger Reformatoren Capito und Bucer stand Wibrandis weiter in regem Briefwechsel. Trotz aller Arbeit war ihr dieser Austausch sehr wichtig. Es gab so viele Berührungspunkte und Grund zu gegenseitiger Stärkung. Beide waren schon etwas länger verheiratet, hatten schon mehr Erfahrung an der Seite eines Reformators, so sah es Wibrandis.

Von ihrem Mann Johannes Oekolampad wusste sie, dass er nach dem Tod seiner Mutter von seinem Freund Wolfgang Capito gedrängt wurde zu heiraten. Dieser wieder sei durch Martin Bucer zur Ehe bewogen worden. Er schrieb ihm recht weise: „Eine Eheschließung ist eine heilige und ehrenhafte Sache, besonders für einen Christen und einen Geistlichen dazu. Denn das Zölibat hat seine Bedrängnisse und Gefahren." Als Wibrandis dies von ihrem Mann erfuhr, musste sie schamhaft lächeln.

Fast erschrocken war sie, als sie ihn daraufhin auch noch spontan fragte: „Wieso schrieb das dein Freund aber erst, nachdem deine Mutter gestorben war? Waren nicht schon vorher Gefahren da?"

Fast ein bisschen frivol, aber dabei augenzwinkernd, sagte Oekolampad: „Vielleicht gab es da eine Dirne für mich. Wer weiß?" Nun, auf dieses Terrain wollte sich Wibrandis nicht begeben.

Für die Menschen war es immer noch etwas Neues, dass ein Pfarrer heiratete. Sie mussten sich erst langsam daran gewöhnen. Viel Häme und Spottverse mussten Elisabeth und Martin Bucer über sich ergehen lassen. Elisabeth Bucer hat ihr darüber einmal sehr ausführlich geschrieben. Nun haben die beiden allerdings schon im Jahre 1522 geheiratet. Bucer war einer der ersten Priester, der eine Ehe einging.

Brisant war für das Volk, dass Martin Bucer ein früherer Mönch war, und Elisabeth Silbereisen zwölf Jahre Nonne im Kloster Lobenfeld gewesen war. Zeitweilig war das Leben des Paares bedroht. Vom Bischof von Speyer wurde Bucer gebannt. Heimlich musste er mit seiner Frau die Stadt Weißenburg verlassen, in der er als Prediger Dienst tat. In der freien Reichsstadt Straßburg waren sie schließlich sicher und fühlten sich da wohl. Elisabeth Bucer hatte schon sechs Kinder geboren, von denen aber bereits drei gestorben waren. Elisabeth war wieder schwanger.

Mehr unbewußt drang aus Wibrandis ein kleiner Seufzer. Leicht hatten es Elisabeth Bucer und Agnes Capito nicht. Überhaupt alle die Pfarrfrauen, die sie mehr oder weniger gut kannte. Da waren ihre vielen Kinder, und das Pfarrhaus, zu dem einfach die Gastfreundschaft gehörte. Aber die finanziellen Mittel waren mehr als gering. Die Besoldung von Pfarrern war nicht umgestellt auf Ehepaare und Kinderschar. Doch ihre Straßburger Freundinnen hatte sie noch nie klagen gehört. Tapfer und voller Energie packten sie zu. In Eigenwirtschaft stellten sie Leinwand her für die Wäsche, kochten Seife, zogen Kerzen, backten Brot, und Elisabeth braute Bier. Wibrandis kannte auch Pfarrfrauen, die eine kleine Landwirtschaft – so nebenher! – betrieben. Land hatten die Straßburger Pfarrfrauen nicht. Dafür waren sie unermüdlich beim Besuchen der Kranken und setzten sich für deren Pflege ein.

Jedes Gemeinwesen musste eigentlich glücklich und dankbar sein, eine solche Pfarrfrau zu haben, dachte Wibrandis. In christlicher Nächstenliebe nahmen sie sich sozialer Dienste an und linderten so manche Not. Es gab noch keine Tradition für ein Leben als Pfarrfrau. Pfarrfrau war etwas so Neues! Und doch bekam der Pfarrfrauenberuf so schnell eine Prägung durch diese so beispielhaft regen und starken Frauen. Wibrandis war sich bewusst, dass diese Frauen, und auch sie gehörte dazu, gestärkt wurden durch eine Ehe, die einen gemeinsamen Grund im gemeinsamen Glauben hatte.

In den Gemeinden wuchs die Bedeutung des Pfarrhauses ständig. Wibrandis spürte selbst, wie ihr Haus immer mehr zu einer öffentlichen Anlaufstelle wurde. „Gott hilf mir, dass ich dem allen gerecht werde! Schenk mir Kraft und Gesundheit dazu."

Abschied von Theresa

Wibrandis' Freundin Theresa kam mit ihren zwei Kindern zum Abschiedsbesuch. Der evangelische Stadtrat und die Sanktionen gegenüber den Katholiken wurden immer bedrängender. Theresas Mann war ein angesehener Schreinermeister und Ratsherr gewesen. Jetzt erhielt er kaum noch Aufträge. In Brandenburg hatte er Verbindungen geknüpft und sah dort eine neue Existenzgrundlage. Da regierte ein katholischer Landesherr, der streng gegen Infiltrationen durch protestantische Schriften oder Lieder anging.

Die beiden Frauen lagen sich in den Armen und weinten. „Wibrandis, ich versteh' die Welt nicht mehr. Wieso können wir nicht weiter zusammen Gott loben, ihn ehren und ihm danken? Ich glaube nicht, dass Gott auf Lehrunterschiede achtet."

„Ich auch nicht. Gott liebt alle Menschen. Aber weißt du, Bedrohungen aller Art wie Krieg, Hunger, Seuchen schaffen Unsicherheit und Angst und verstärken das allgemeine Streben nach Heilsversicherung. In der Kirche sieht der Verzweifelte die Heilsanstalt, die ihm Rettung bringen könnte. Männer und Frauen haben Angst und werden durch Bischöfe bedrängt! Ängste um das Seelenheil machen die Menschen nahezu zu jeder Leistung bereit. So tun sie viele Dinge, um Gott gnädig zu stimmen. Aber nicht umsonst, denn jedes Ding hat seinen Preis. Sie bekommen Bußübungen und Wallfahrten verordnet und bezahlen mit Geld. Aber das nützt ihnen nicht, sondern nur dem Reichtum der Kirche. Sieh' mal, welchen hohen Wert bei euch die Seelenmesse besitzt. Es wird als sinnvoll angesehen, möglichst viele Messen nach dem Tod für die Seele lesen zu lassen. Um den Himmel zu erwerben, häufen manche Reliquien an, mit deren Hilfe sie einen Riesenzeitraum von Ablass zu gewinnen hoffen. Das sind Fakten, gegen die die Reformatoren angehen."

„Ach, sie gehen noch gegen anderes an. Aber darüber wollen wir nicht streiten. Das soll unsere lange Freundschaft nicht auseinander bringen. Und so gut wie du kann ich in theologischen Dingen nicht diskutieren. Du sprichst ja schon wie ein halber Professor! Wir werden beide weiter zu unserem Gott beten – und das ist einer. Jede betet auf ihre Art, so wie du und ich es für richtig halten. Und Gott wird uns erhören und Frieden gewähren. Das glaub' ich ganz fest."

Mit dem Versprechen zu regelmäßigem Briefaustausch und mit einem Reisesegen von Wibrandis verließ Theresa mit ihren Kindern das Pfarrhaus und bald darauf Basel.

Endgültige Abschiede

Im Herbst konnte die Familie Oekolampad ein schönes Fest feiern. Einige Monate davor hatte der Hausherr einen kleinen Weinberg gekauft. Essig, Saft und Wein sollte er abwerfen. Zur Weinlese war die Familie mit ihren Freunden fröhlich zusammen. Die Kinder tollten ausgelassen herum. Wibrandis hatte ihr Bestes gegeben, um das Fest reich auszugestalten. Die Männer sollten einmal ihre anstrengende Arbeit und ihre Sorgen vergessen.

Wibrandis sorgte sich auch, und zwar um ihren Mann. Er war ihr und den vier Kindern gegenüber immer freundlich und liebevoll. Doch in letzter Zeit zeigte er sich häufig gereizt. Ihm ging es mit den Reformen nicht schnell genug. Sein Eifer war in ihren Augen schon krankhaft. Er wollte doch alles so gründlich machen! Da waren seine Vorlesungen an der Universität und sein Amt als Pfarrer am Münster. Die Ausarbeitung der Predigten und die Seelsorge kosteten viel Zeit. All dies war schon übergenug. Aber Oekolampad arbeitete noch über einer Baseler Kirchen- und Gottesdienstordnung. Er führte das Amt von Laienpresbytern ein.

All das kostete viele Verhandlungen, Erklärungen und viel Durchsetzungskraft. Seine körperliche Kraft ließ nach. Er hatte wenig Appetit. Wibrandis strengte sich an mit attraktiven Speisen. Doch mit wenig Erfolg. Nachts schlief er wenig oder unruhig. Manchmal lauschte Wibrandis angstvoll auf seinen Atem. Seine Atmung setzte oft lange aus. Darauf folgten allerdings immer wieder um so stärkere Atemzüge. Sie waren dann so heftig, dass er davon aufwachte.

Eine Schreckensnachricht kam aus Zürich. Der von Anna Zwingli befürchtete Religionskrieg kam schnell und furchtbar. Zwinglis Bemühungen, in allen Kantonen die Reformation durchzuführen, stießen auf den Widerstand der katholischen Urkantone. Die Männer zogen aufgebracht nach Zürich. Zwingli stritt als Feldkaplan und Soldat im Heer der Züricher. In der Schlacht von Kappel fiel Johannes Zwingli. Anna verlor in dieser Schlacht im Oktober 1531 neben ihrem Mann auch ihren Sohn Gerold aus ihrer ersten Ehe.

Zwingli war eine bedeutende, reichbegabte und willensstarke Persönlichkeit gewesen. Sein Tod war ein schwerer Schlag für die reformierte Kirche. Oekolampad wurde gebeten, Zwinglis Nachfolger in Zürich zu werden. Doch er sagte ab.

Er spürte nur zu deutlich, dass eine neue Aufgabe jetzt über seine Kräfte gehen würde. Dazu bekam er noch ein bösartiges Geschwür, das ihm viel zu schaffen machte. Es vergiftete sein Blut.

Seine Kraft nahm immer schneller ab. Wibrandis sorgte rührend für ihn. Aber Johannes Oekolampad starb. Nur einen Monat nach Zwinglis Tod mussten die Reformierten auch von Oekolampad für immer Abschied nehmen.

Wibrandis hatte vier Kinder und war mit 28 Jahren zum zweiten Mal Witwe.

Auch in Straßburg trauerte man um die beiden hervorragenden Reformatoren. Besonders Capito war tief betroffen, denn im selben Monat wie Oekolampad starb auch seine Frau Agnes.

Capito war so niedergeschlagen, dass seine Freunde ihm rieten, erst einmal auf Reisen zu gehen. Er sollte Abstand gewinnen von Straßburg und seinem Haus, in dem ihn alles an seine Frau erinnerte.

Bucer hatte dabei auch die stille Hoffnung, dass er so schneller eine Frau fände. Capitos Lebensführung sah Bucer nämlich als ziemlich chaotisch an. Er brauchte dringend wieder eine Frau, die ihm in dieser Beziehung helfen konnte.

Wibrandis Capito, verw. Oekolampad

Als Capito in Basel war, besuchte er natürlich auch Wibrandis, die er durch frühere Begegnungen in Oekolampads Haus gut kannte und die mit seiner Agnes in Briefkontakt gestanden hatte.

War zwischen den beiden gleich mehr als Sympathie oder war es einfach ein nützlicher Weg? Sie beschlossen, recht schnell zu heiraten. Die verstorbenen Ehepartner hätten bestimmt nichts gegen diese Verbindung gehabt. Wibrandis war gern Pfarrfrau. Die vielen Aufgaben waren für sie nicht nur ein Geben, sondern auch ein Nehmen. Sie hatte im Münsterpfarrhaus viel gelernt und war ethisch, geistig und geistlich viel reicher geworden.

Im Jahr 1532 verließ Wibrandis ihre Vaterstadt Basel, aus der sie bisher noch nie herausgekommen war. Daran merkte sie, dass sie wohl von Pfarrhaus zu Pfarrhaus zog, aber doch in eine fremde Stadt. In eine völlig andere Umgebung. In Basel kannte sie fast jedes Haus. Straßburg war ihr völlig fremd.

Nun musste Wibrandis mit ihren vier Kindern und Mutter Magdalena nach Straßburg ins Pfarrhaus von Wolfgang Capito umziehen. Nur wenige Möbel, die sie glaubte in der Fremde nicht entbehren zu können, und die, die ihr besonders wertvoll waren, ließ sie nachkommen. Sie zog ja in ein fertig eingerichtetes Haus. Ein neuer Lebensabschnitt begann. Dabei durfte und wollte sie sich nicht unnötig mit der Vergangenheit belasten.

Sie sprang mitten hinein in einen fremden Haushalt und hatte sich darin zurecht zu finden. Das war nicht so leicht, wie sie dachte. Das lag wohl weniger an Agnes Capito, sondern an der Magd, die seit dem Tod der Hausherrin hier wirtschaftete und vor allen Dingen an Wolfgang Capito selbst. Das hatte sie in der Folge noch oft zu spüren.

Obwohl Capito noch vier Jahre älter war als Oekolampad, regte sich über diese Heirat niemand auf. Man sah sie wohl als eine der üblichen Versorgungsehen an. Männer und Frauen starben immer wieder überraschend und ließen Waisen und Armut zurück.

Nach Kräften bemühte sich Wibrandis erst einmal um die Kinder. Die mussten ein neues Zuhause finden. Sie sollten nicht entwurzelt werden oder leiden. Wibrandis war schon sieben Jahre alt, die anderen Kinder noch klein; aber der Zuwendung von Mutter und Großmutter besonders bedürftig. Die kleine Wibrandis nahm sie zuweilen zum Einkaufen mit. Sie freuten sich über die schönen Straßburger Bürgerhäuser und über das überwältigende Münster mit seinen schönen bunten Fenstern.

Die kleine Wibrandis war bald ganz närrisch danach, ihre Mutter auf den Markt zu begleiten. Das kostete zwar wesentlich mehr Zeit, aber ihr war wichtig, dass ihre Älteste sich schnell in Straßburg heimisch fühlte.

Ein Markttag füllte die Straßen mit schwatzenden Bauersleuten, die einzeln oder in Gruppen mit Körben auf dem Rücken und an den Armen lärmend zum großen Platz strömten. Zwischendurch rumpelten Fuhrwerke mit Krautköpfen, Wurzelgemüse und vergitterten Holzkästen, in denen Geflügel schnatterte, piepte oder gurrte.

Bäcker, Schlachter und Wirte standen hemdsärmelig vor ihren Türen und freuten sich auf ein gutes Mittagsgeschäft. Um den Brunnen am Marktplatz war kaum ein Durchkommen. Lange Tische waren aufgeschlagen mit Obst und Feingemüse. In Körben und Säcken standen die Früchte des Feldes herum.

Lautes Gefeilsche, Geschrei, Lachen und Schreien. Tochter Wibrandis liebte das kleine Federvieh und stand gern bei den Pferden, die stumpfsinnig und ergeben oder ungeduldig mit den Hufen stampfend auf den Rückweg warteten. In der breiten Straße stand Bude an Bude. Hier gab es fertige Anzüge in jeder Größe, Kleider in allen Stoffarten und Mustern, Schuhe und Stiefel, Messer und Scheren, landwirtschaftliche Geräte, Sattlerwaren.

Hinter dem Rathaus wurde Töpfergeschirr angeboten. Ein schreiend bunt gekleideter Quacksalber pries lauthals seine Heilmittelchen an und fand bei der leichtgläubigen Landbevölkerung zahlreiche Kunden. Ganz in der Nähe hockte stets auf einem breiten Sessel eine rundliche Frau mit rosigem Gesicht, die Honiggebäck verkaufte. Wibrandis bettelte nicht, aber ihre Mutter kaufte ihr stets eine kleine Honigstange.

Irgendwann nach ihrer Übersiedlung nach Straßburg war Pferdemarkt an der kleinen Kirche. Die Pferdehändler und möglichen Käufer, die weiter entfernt wohnten, waren zumeist schon am Vortag angekommen und in den zahlreichen Herbergen abgestiegen. Der Pferdemarkt wurde geradezu ein Fest für die kleine Wibrandis. Doch die große Wibrandis achtete sorgsam und ängstlich auf nicht zu große Nähe zu den Pferden. Das war gar nicht so leicht. Eine riesige Schar von Marktgästen drängelte und schupste. Die Pferdehändler hatten fröhliche Gesichter. Sie machten wohl gute Geschäfte. Die zum Verkauf vorgesehenen Pferde wurden von vorn und hinten begutachtet. Das Gebiss wurde besonders lange betrachtet, um das Alter festzustellen. Ein Handeln und Feilschen begann. Durch Handschlag wurde der Kauf besiegelt. In der Nähe des Brunnens wurde Bier ausgeschenkt. Der Schankwirt und sein Gehilfe hatten alle Hände voll zu tun. Immer wieder rollte ein Fass über das holprige Pflaster vom Wirtshaus zum Brunnen, geschupst von zwei Männern mit blanken Schürzen. Die Männer hievten es dann quer über den Brunnentrog. Einer schlug das Fass an, und der Wirt füllte die ihm entgegengestreckten Krüge.

Etwas seitlich davon gab es für Kinder mit Honig gesüßtes Fruchtwasser. Wibrandis erhielt ein kleines Krüglein mit dem süßen Saft.

Wibrandis musste bald feststellen, dass ihr neuer Mann ganz anders war als ihr früherer. Beide eiferten zwar für eine reformierte Kirche und waren in dieser Arbeit kaum zu übertreffen. Doch in Oekolampads Leben herrschte eine große Ordnung. Bei Wolfgang Capito war davon überhaupt nichts zu merken. Im Baseler Münsterpfarrhaus hatte Wibrandis die strenge Tageseinteilung durch die pünktlichen Mahlzeiten manchmal sehr belastet. Doch bald stellte sie in Capitos Haus fest, dass es viel belastender war, wenn sie nie wusste, zu welcher Zeit Capito essen wollte. Langsam und behutsam versuchte sie, ihn zu festen Mahlzeiten zu erziehen. Doch Erfolg hatte sie damit erst, als sie in Straßburg ihr erstes Kind gebar. Zum Gedeihen für alle wäre es wichtig, dass sie jetzt die Mittags- und Abendmahlzeit stets zur gleichen Stunde einnehmen würden!

Voller Freude sah Wibrandis zu, wie Capito die unvollendet gebliebenen Kommentare von Oekolampad zu den Propheten Jeremia und Hesekiel fertigstellte und sie bald veröffentlichen wollte. Und das, obwohl hier in Straßburg genau wie in Basel um die Einführung der Kirchenzucht gerungen wurde, was viel Zeit und Kraft verschlang. Auch an einer umfassenden Kirchenordnung arbeitete Capito mit seinen Freunden.

Finanzchaos

In diesem Pfarrhaus herrschte eine unübersichtliche Finanzsituation. Da hatte Capito einem Gemeindeglied Geld geborgt, dort vor langem einem Schuhmacher ein Darlehen zum Existenzaufbau gegeben. In Raten kam Geld zurück, ohne dass Wibrandis wusste, wie viel da noch zu erwarten war. Dann stand plötzlich ein Müller vor ihr und bat, doch endlich den ausstehenden Betrag für sechs Sack Mehl zu begleichen, die er im Laufe der Jahre geliefert hatte. Eine Geldsumme für einen Hammel wurde angemahnt, den Capito schon vor einem Jahr für ein kleines Gastmahl geordert hatte. Von den meisten dieser Geldgeschäfte wusste Capito nichts mehr. Wenn bedrängende Geldnot war und dazu noch so ein Gläubiger auftrat, schwirrte Wibrandis der Kopf. Äußerlich behielt sie die Ruhe, obwohl sie sich sehr aufregte. Nüchtern verhandelte sie mit den Leuten und versuchte vorsichtig, eventuelle weitere Außenstände zu erkunden. Sie hielt alles in einem kleinen Buch fest, um Ordnung in dies Geldchaos zu bringen.

Auf dem Markt musste Wibrandis meist scharf rechnen. Ihr Geld war so knapp, dass sie sehr genau wählte und auch feilschen musste.

Einmal kam sie sorgenvoll nach Hause. Da lag auf dem Küchentisch eine frischgeschlachtete, dicke Gans. Daneben stand ein großer Krug Wein und ein ganzes Sortiment Kerzen. Einer, dem Capito vor langer Zeit Geld geliehen hatte, hatte es zurückgebracht. Capito gab es sofort verschwenderisch aus. Mit dem Gekauften wollte er Wibrandis überraschen und ihr eine Freude machen.

Den Rest des Geldes hatte er einer bettelnden Frau geschenkt. Wibrandis schluckte ihren Ärger hinunter und tat erfreut. Capitos Einstellung zum Geld konnte sie doch nicht ändern. Das Geld zerrann ihm in der Hand. Wibrandis hätte es so viel besser einteilen können!

Dann kam ganz bescheiden ein Kesselschmied und zeigte einen Beleg für zwei gelieferte, große Suppenkessel. Was war das? In seiner überschwänglichen Zuwendung zu Menschen in Not hatte Capito in einer baufälligen, leeren Halle eine Suppenküche einrichten lassen. Alleinstehende, bedürftige Frauen mit Kindern sollten dort eine warme Mahlzeit erhalten. Ein löbliches Tun, nur die Voraussetzungen, dass der Betrieb dort lief, waren nicht gegeben. Keine Aufsicht war da. Das Geld für den Einkauf von Hirse und Gemüse, den einige Frauen übernehmen sollten, kam oft nicht bei den Nahrungsmitteln an. Da waren Frauen, die schwach und gutmütig waren und sich von ihren Galanen das Geld abschwatzen ließen. Leihen wollten sie es. Es kam jedoch nie wieder, sondern wurde in Bier umgesetzt.

Capito hatte keine Zeit, sich darum zu kümmern. Das war auch nicht sein Metier und nicht sein Ansinnen. Er wollte nur spontan helfen. Die Übersicht, wie so etwas zu geschehen hatte, fehlte ihm. Wibrandis beschwichtigte den Kesselschmied. Er sollte sein Geld bekommen. Doch bitte in Raten. Sie bat um etwas Geduld. Und Wibrandis schaffte auch dies. Der Kesselschmied bewunderte insgeheim diese Frau ob ihrer Rechenkünste und ihrer Zuverlässigkeit. In ihm hatte Wibrandis einen Freund gewonnen.

Gewissenhaft führte sie Buch über Einnahmen und die laufenden Ausgaben. Es hatte auch immer etwas da zu sein für Spenden und Almosen. Dafür schien sie hier in Straßburg mehr zu benötigen als in Basel.

Capito war wesentlich ausgleichender als Wibrandis früherer Ehemann Oekolampad. In theologischen Fragen versuchte er stets zu vermitteln. Die Führung der protestantischen Theologen der Stadt überließ er mehr und mehr Bucer. Die Leitung des Schulwesens hatte er jedoch noch inne.

In Straßburg hatte anfänglich Wibrandis nicht so viele Gäste zu versorgen wie im Münsterpfarrhaus in Basel. Zu Capitos kamen jedoch immer wieder durchreisende Professoren. Die Kommunikation überallhin war gut.

Vom Süden hörten sie, dass sich die Waldenser der Schweizer Reformation angeschlossen hatten.

Auch von Anna Zwingli kam eine Nachricht. Pfarrer Heinrich Bullinger, der Nachfolger ihres Mannes, hatte sie mit ihren Kindern in seinen Haushalt aufgenommen. Sie war es sehr zufrieden und dankbar dafür.

Ein weiterer Brief kam von Theresa aus Brandenburg.
„Gott zum Gruß, liebste Wibrandis.
Du musstest also auch Basel verlassen. Allerdings aus anderen Gründen. Ich wegen des Glaubens, du wegen des Todes deines Ehemannes Oekolampad. Dass du wie-

der so einen Eiferer für den neuen Glauben geheiratet hast, ist erstaunlich.

Uns geht es ganz gut. Du weißt, dass mein Mann hierher wollte, weil der Kurfürst Joachim I. von Brandenburg am alten Glauben festhält, für sich und sein Land. Ich würde sogar behaupten, er ist ein Eiferer für den katholischen Glauben. Du musst wissen, Glaubensauseinandersetzungen gibt es nicht nur im Süden. Hier sind allerdings andere protestantische Theologen im Gespräch. Martin Luther aus Wittenberg scheint ein großer Widersacher für unseren Kurfürsten zu sein, aber auch für dessen Bruder, den Erzbischof Albrecht von Mainz. Jedenfalls haben eine Reihe Protestanten unser Gebiet hier verlassen. Mein Mann konnte von ihnen Häuser und auch Land abkaufen, wenn auch Vieles mittels Darlehen, die ihm der Stadtrat vermittelte. So ist er dabei, ein größeres Fuhrgeschäft aufzubauen. Ich hoffe und wünsche, dass es gelingt!

Lass es dir gut gehen! Ich schreibe' mal wieder.

Gott segne dich und dein Haus, deine Theresa."

Wibrandis freute sich. Es war schön, Freundinnen zu haben.

In Straßburg kannte Wibrandis außer Elisabeth Bucer und ein paar Gläubigern kaum jemanden. Doch das sollte sich bald ändern.

Wolfgang Capito war ihr ein ganz lieber, aber zeitweise auch ein recht schwieriger Ehemann. Seine breite Bildung, die außer der Theologie auch andere Fachbereiche betraf, reizte sie. Schon bei seinem Besuch in ihrem Haus in Basel hatte sie ihn darum bewundert. Aber manchmal war er auch mehr als absonderlich. So lehnte er manche Speisen kategorisch ab.

Erst dachte Wibrandis, lerneifrig und lieb wie sie war, ihr Mann wüsste als studierter Mediziner, der er ja auch war, um ihre Unverträglichkeit. Doch es gab keinen ersichtlichen Grund. Als Irene, das vorletzte Kind aus ihrer Ehe mit Oekolampad, sterbenskrank darnieder lag, schlich er ganz leise in der Wohnung herum mit einem Tuch um Mund und Nase, ohne es aber von den anderen zu fordern.

Bedrückend waren zuweilen seine wechselnden Stimmungen. Er konnte ganz aufgeschlossen und fröhlich sein. Dann wieder wurde er von tiefer Melancholie heimgesucht. Wibrandis bekam schließlich heraus, dass dies von seiner Schlaflosigkeit herrührte. Manchmal waren für beide die Nächte unheimlich lang und schwer. Der Hausherr wälzte sich hin und her und fand keinen Schlaf. Der nächste Morgen begann dann düster. Wibrandis versuchte, ihren Wolfgang mit anregendem Kräutertee oder erwärmtem Gewürzwein in Schwung zu bringen. Seine düsteren Gedanken half sie tatkräftig zu verscheuchen.

Capitos Vater war Hufschmied und Ratsherr gewesen. Der begabte Sohn hatte die Möglichkeit, vielfältigen Studien nachzugehen und gewann die Freundschaft großer Männer. Als Wibrandis noch ein kleines Mädchen in Basel war, war er bereits dort Münsterprediger und bald darauf auch Professor. Somit war er auch ein Vorvorgänger ihres verstorbenen Mannes Johannes Oekolampad. Danach, im Jahre 1519, wurde er Domprediger und geistlicher Rat von Erzbischof Albrecht von Mainz. Ja, dort wurde er drei Jahre später sogar in den Adelsstand erhoben.

Albrecht von Mainz war Humanist und Schüler von Erasmus. Capito wurde ein humanistischer Reformfreund im Sinne von Erasmus. Während der Erzbischof allerdings nichts mit Luther im Sinn hatte, wurde Capito wegen Luthers Verhalten gegen die Bilderstürmer für Luther gewonnen. Wibrandis fand dies ungeheuer interessant. Über den Erzbischof Albrecht von Mainz und seine Ablehnung Luthers hatte sie doch schon aus dem Brief ihrer Freundin erfahren.

Capito musste und wollte so seinen Dienst bei Albrecht von Mainz aufgeben und ging im Jahre 1523 in die freie Reichsstadt Straßburg. Er wurde Propst des Thomasstiftes. Durch Martin Bucer und seinen Kollegen Matthäus Zell wurde er hier endgültig für die Reformation gewonnen. Wolfgang Capito und Martin Bucer wurden die Häupter der Straßburger Reformation. Darüber hinaus gewann Capito einen vorzüglichen Ruf als Professor für Hebräisch.

Ein langjähriger Freund Capitos tat hier am Münster Dienst. Caspar Hedio kannte er seit 1518, als dieser in Basel studierte und zu seinen Bewunderern gehörte. Als Capito nach Mainz ging, folgte ihm Hedio 1520 als Domprediger in Mainz, wo er zum Doktor der Theologie promovierte. Er war wachen Geistes und korrespondierte mit Luther und Zwingli.

Im Herbst 1523 wurde Hedio ans Münster in Straßburg berufen. Dort wurde von ihm verlangt, dass er nicht lutherisch predige. Doch seine Predigt verleugnete nicht die Nähe zu Luther. Diese beiden Männer waren also schon lange zusammen. Theologisch trat er wohl hinter Bucer und Capito etwas zurück. Er überließ denen gern die Führung, war aber immer dabei, wenn er gebraucht wurde. So wirkte er eifrig mit am Aufbau eines geordneten evangelischen Schul- und Bildungswesens in der Stadt.

Als Wibrandis nach Straßburg kam, hatten es die Reformatoren hier nicht gerade leicht. Als freie Reichsstadt mit einem kulanten Stadtrat war Straßburg schon lange eine Anlaufstelle für Verfolgte. Waren es anfänglich nur Anhänger der neuen Lehre, so kamen im Laufe der Zeit immer mehr Schwärmer und Täufer, manchmal ganze Gruppen von ihnen, in die Stadt. Viele siedelten sich auch hier an. Straßburg war das bekannteste und beliebteste Sammelbecken für alle neben der Kirche fließenden Strömungen. Der Nachfolger Zwinglis, Heinrich Bullinger, drückte das einmal ganz scharf aus: „Straßburg, die Stadt für die ganze Hefe der schlechtesten Taugenichtse und Ketzer."

Das war nun auch wieder zu radikal und polemisch. Die Pfarrer der Stadt sahen das nicht so hart. Aber sie waren wachsam.

Die verschiedenen Täufergruppen gewannen großen Einfluß in Straßburg. Capitos vermittelnder Haltung entsprach es, dass er diesen Gruppen erst wohlwollend gegenübertrat. So kannte ihn Wibrandis ja auch schon durch das Gespräch mit Oekolampad in Basel. Aber bald musste er seinen Kollegen Bucer und Zell folgen und die Lehren dieser Gruppen auch ablehnen. Deren führende Männer wie Karlstadt, Hoffmann, Schwenckfeld und andere überredeten Straßburgs Gemeindeglieder, sich von ihrer Kirche zu lösen und den Täufergruppen beizutreten.

Das wurde für die Straßburger Gemeinden gefährlich. Auch politisch. Eine freie Reichsstadt konnte bei Unruhen von kaiserlichen Truppen angegriffen werden.

Anfangs versuchten die Pfarrer der Stadt, durch Gespräche, die radikalen Schwärmer für eine gemäßigte Theologie zu gewinnen. Doch auch gute Argumente halfen nicht. In der Stadt wurden die Menschen immer unruhiger. Militante Anhänger der zerstörerischen Gruppen mussten ausgewiesen oder inhaftiert werden.

Der Münsterpfarrer Matthäus Zell war im Vorgehen gegenüber den Täufern der liberalste. Die anderen Pfarrer schrieben das seiner Frau Katharina zu. Wibrandis hörte Capito erstaunt zu, was er da von Katharina Zell zu erzählen hatte. Deren Aktivitäten wurden auch nicht vor Gefängnistüren gestoppt. So besuchte sie – nicht gerade zur Freude der Straßburger Pfarrer – den inhaftierten Täufer Melchior Hoffmann. Er war wegen einer Prophezeihung nach Straßburg gekommen, derzufolge er in der Stadt ein halbes Jahr lang gefangen gehalten werde. Darauf fände die Wiederkunft Christi statt. Er, Hoffmann, habe als Führer der Heiligen die Vernichtung der Gottlosen zu leiten.

Katharina besuchte ihn wie schon früher andere Gefangene. Sie war eine Gefangenenseelsorgerin. Mit ihrem Besuch machte sie sich nicht gemein mit den Ansichten des Täufers Hoffmann. Doch war ihr Tun für viele unverständlich oder gar brüskierend.

Wibrandis lief mit ihren beiden ältesten Töchtern quer durch die Stadt. Sie wollte zum Kesselschmied Fabricius, um ihm eine Abzahlung für die an Capito gelieferten Kessel zu bringen. Fabricius hatte seine Werkstatt an der Stadtmauer. Es war eine große Halle, in der ihr Hitze und Lärm entgegenschlugen. Lautes Rufen von tiefen Männerstimmen, dumpfe und hellere Hammerschläge. Nicht zu übersehen der große Amboss und die Feuerstelle.

Erstaunt sah der Kesselschmied die Frau des Pfarrers Capito, legte das Maßband aus der Hand und trat auf sie zu. Er führte Wibrandis in einen kleinen, kühleren und ruhigeren Nebenraum. Er nahm ihr Geld entgegen und notierte den Betrag in einer Mappe, die er aus dem Wandschrank holte.

Vielleicht brauchte er selbst eine Pause oder wollte der Frau des Pfarrers gegenüber nur freundlich sein. Er führte sie und die Töchter in das obere Stockwerk und bestellte bei seiner dort hantierenden Frau Kräutertee und Milch. Alle Fünf saßen sie bald um einen blankgescheuerten Tisch und unterhielten sich prächtig.

Auch die Mädchen waren guter Dinge, denn die Meisterin Fabricius war eine besonders liebevolle Frau. Während sie schwatzte, faltete sie aus Papier kleine Tiere. Die Mädchen versuchten, es ihr nachzumachen. Fabricius erzählte Wibrandis von den verschiedenen Gilden in der Stadt und wer nicht in eine Gilde aufgenommen werden konnte.

Dem Meisterpaar gehörte neben der Kesselschmiede noch ein kleiner Bauernhof, der jenseits der Stadtmauer lag. Wenn bei Frau Pfarrers nächstem Besuch Zeit sei, wolle man ihr den Bauernhof zeigen, der von hier aus ganz nah sei. Da könnte sie gern ein paar frische Eier mitnehmen.

Wibrandis gab zu erkennen, dass sie gern den Hof sehen und Eier kaufen würde. Sie äßen alle gern Eier. Die Kinder nahmen die gefalteten Papiertiere mit und Wibrandis das Gefühl, nette Leute kennen gelernt zu haben.

Calvin

Ein neuer starker, etwas anders gearteter Reformator kam in die Stadt. Es war der Franzose Johannes Calvin. Zur Erleichterung der Straßburger Pfarrer übernahm er hier das Predigtamt in der kleinen französischen Flüchtlingsgemeinde. Das war wichtig und gut. Straßburg war deutschsprachig. Es bestand ein dringender Bedarf an einem französischen Seelsorger, denn die Täufer missionierten fleißig unter diesen Flüchtlingen. Einige Franzosen hatten sie schon für sich gewonnen.

Johannes Calvin wurde die Seelsorge an den vierhundert Flüchtlingen anvertraut. Dazu gab er noch etwas theologischen Unterricht an der Universität.

Auch Johannes Calvin war geprägt vom Humanismus. Er hatte sich langsam dem evangelischen Glauben genähert. Als in Frankreich schwere Verfolgungen gegen die Neuerer im Glauben einsetzten, ging er in die Schweiz. In Basel machte er die Bekanntschaft mit den dortigen Reformatoren Guillaume Farel und Heinrich Bullinger. Der in der Jugend sehr fromme Farel war in Paris unter den Einfluss von Jaques Lefevre d'Etaples geraten, dessen Übersetzungen und Erläuterungen zur Heiligen Schrift Farels religiöse Konzeption über den Haufen warfen. In der Bibel fand er nichts von Päpsten, Ablässen, sieben Sakramenten, von Fegefeuer, von der Messe, dem Priesterzölibat, der Marien- und Heiligenverehrung.

Auf die Priesterweihe verzichtend, zog er als Laienprediger durch französische und schweizerische Städte. Farel, klein von Statur, von zartem Körperbau, aber stark an Stimme und Geist, mit strahlenden Augen in einem blassen Gesicht und flammend rotem Bart, hatte in Genf der Reformation zum Durchbruch geholfen. Nun beschwor er Calvin, ihm beim Aufbau der neuen Kirche zu helfen. So arbeiteten beide an der Organisation der Genfer Kirche. Der im Jahre 1536 von Calvin verfasste Katechismus legte den Glaubensgrund.

Als von allen Bürgern das Glaubensbekenntnis beschworen werden sollte, regte sich Widerstand in der freiheitlichen Bürgerschaft. Froh, das bischöfliche Joch abgelegt zu haben, wollte man sich nicht von dem Fremden, von dem Franzosen Calvin, ein neues Joch auflegen lassen.

Es gab viele Disputationen. Erschwerend kam dazu, dass im Rat die Altgläubigen die Mehrheit erhielten. Als vor der Osterkommunion Calvin und Farel sich weigerten, Unwürdigen das Abendmahl zu reichen, mussten die beiden Reformatoren Genf innerhalb von drei Tagen verlassen. Farel übernahm eine neue Aufgabe in Neuchâtel, und Calvin nahm die Einladung der Straßburger Reformatoren an.

Zur Ergänzung seines mageren Salärs von 52 Gulden verkaufte er seine Bücher und gab Studenten Kost und Logis. Da das ohne Hausfrau schlecht klappte, bat er Farel und Bucer, eine Frau für ihn zu suchen.

Wie Calvin im Hause Capitos erzählte, war er dankbar über die Freiheit und verhältnismäßige Ruhe in Straßburg. Nach der Krise in Genf konnte er sich hier besinnen und ungehindert durch die Genfer Regenten und Wirren sich selbst entfalten.

Interessiert hörte Wibrandis, dass Calvin stark beeindruckt war von dem Gemeindegesang in Straßburgs Kirchen. Er hatte bereits seinem Freund Guillaume Farel davon geschrieben. Stolz erzählte Wolfgang Capito, dass die Straßburger sehr früh den Anstoß Luthers zur Schaffung von Psalmliedern aufgenommen hatten. Damit begann die reformatorische Liturgiereform in der freien Reichsstadt.

Erst versahen die Straßburger Musiker drei Psalmlieder Luthers mit eigenen Melodien. Danach nahm sich der Münsterkantor Matthäus Greiter den 13. Psalm vor und gab ihm Reim und Melodie. Ein anderer bereimte die ersten sechs Psalmen und schrieb die Melodie dazu. Auch von ihm selbst sei ein Psalmlied in einer Sammlung aufgenommen worden.

Das Gespräch drehte sich lange um den Gemeindegesang. Wibrandis merkte, wie schnell man sich an Gutes gewöhnen konnte. Von auswärts zugereiste Gäste wurden stark angerührt, wenn neben Verkündigung und Sakramentsausteilung die Wuntertaten Gottes in Psalmen besungen wurden. Immer mehr Gottesdienstbesucher hatten auch ein illustriertes Psalmbüchlein in Händen und versuchten mitzusingen.

Calvin war jedenfalls so beeindruckt, dass er zwei Straßburger Musiker beauftragte, Melodien zu schaffen zu Psalmübertragungen des Pariser Hofdichters Clement Marot. Er selbst bereimte sechs Psalmen zu vorhandenen Straßburger Melodien.

Wibrandis spürte wieder einmal: In keiner Stadt Europas schienen die Umstände zur Förderung der Reformation günstiger zu sein als in Straßburg. Der Rat hier nahm die Fragen des Glaubens sehr ernst, und die hiesigen Theologen lebten in einem ausgezeichneten Einvernehmen miteinander. Auch das war von großer Wichtigkeit. Einer allein konnte so ein Riesenwerk nicht wirksam werden lassen.

Calvin bemühte sich zielbewusst, Täufer wieder zur Kirche zurückzubringen. Er hatte die Befürchtung, dass die Täufer das Werk der Reformation in Verruf bringen. Er verkehrte viel in ihren Kreisen und suchte sie von sich aus auf. Als er das Straßburger Bürgerrecht bekam und sich einer der verschiedenen Gilden anschließen musste, ließ er sich bei den Schneidern einschreiben. Unter denen gab es viele Täufer.

Calvins Umgang mit den Täufern war weise und klug. Er wusste genau zu unterscheiden zwischen den friedlichen und frommen Täufern einerseits und den revolutionären und fanatischen andererseits. Von den ersteren gewann er viele wieder für die Kirche zurück.

Auch in Straßburg übten die Täufer Kritik an den Reformatoren, weil sie mit Recht sittliche Besserung in den evangelischen Städten vermissten. In ihren Augen trug in Straßburg die Verkündigung des Evangeliums keine echte Frucht im Leben der Einwohner. Die Stadt schien ihnen ebenso sündig und unmoralisch wie zuvor.

Calvin führte in seiner französischen Gemeinde die Kirchenzucht ein, was Anziehungskraft ausübte. Aber die Franzosen vermissten Zucht und Ordnung in den großen deutschen Gemeinden Straßburgs. Vor allem stießen sie sich daran, dass offenbar Unbußfertige zum Abendmahl zugelassen wurden.

Die Straßburger Pfarrer berieten. Auf Betreiben von Martin Bucer trat eine Synode zusammen, die sich vor allem mit den zahlreichen täuferischen Flüchtlingen aus den Niederlanden befasste. Calvin leistete hier durch seine Argumentation wichtige Dienste.

Schließlich wurde eine Frau für Calvin gefunden. Das heißt, er selbst fand sie in seiner Gemeinde. Er heiratete 1540 Idelette van Buren, eine mittellose Witwe mit mehreren Kindern. Guillaume Farel, der gerade in Straßburg zu Besuch war, traute sie.

Johannes Calvin empfing durch seine Heirat mit Idelette van Buren wichtige Kenntnisse über die Täufer. Idelette kam aus einem wohlhabenden Elternhaus und war die Witwe von Jean Stordeur, einem führenden Täufer. Beide Eltern stammten aus Lüttich. Im Jahre 1533 wurden sie als Ketzer verurteilt und verbannt. Ihr Eigentum wurde konfisziert.

In Straßburg waren Jean und Idelette Glieder von Calvins Gemeinde geworden. 1539 gelang es Calvin, Jean Stordeur von seinem Täufertum zu bekehren. Doch er starb bald darauf an der Pest. Während der seelsorgerlichen Besuche in Stordeurs Haus, zumal an seinem Sterbebett, lernte Calvin die elegante und gebildete Idelette kennen. Sie hatte ihn schon sehr beeindruckt. Martin Bucer, der bei Pfarrern gern als Ehestifter auftrat, riet ihm, die Witwe zur Frau zu nehmen.

Idelette war eine Frau von starkem Glauben und großer Geistesbildung. Wibrandis glaubte zu wissen, dass Idelette ihrem zweiten Mann Johannes Calvin sehr geholfen hatte, Menschen aus den täuferischen Kreisen, aus denen sie ja selber kam, in die Kirche zurückzubringen.

In Straßburg lebten bereits mehrere Verwandte von Idelette. Darunter auch ihr Bruder Lambert van Buren. Er war auch aus Lüttich vertrieben. Auch sein Eigentum war konfisziert worden. Er war Säckemacher von Beruf und in der Gilde der Lohgerber eingeschrieben. Im Jahr 1538 erkaufte er sich das Recht, seinen Beruf als Meister auszuüben. Seinen damals noch lebenden Freund und Schwager Jean Stordeur schlug er dabei als Bürgen vor.

Als der Bürgermeister von Straßburg von dem großen Vermögen erfuhr, das konfisziert worden war, schrieb er an den Fürstbischof von Lüttich. Er trat dafür ein, dass die verschiedenen Besitzungen in Lüttich van Buren wieder zurück erhielt oder er dafür angemessen entschä-

digt würde. Lambert van Buren gehöre keiner aufrühre-
rischen Sekte an. Er müsse aufgrund von Intrigen verbannt worden sein. Der Straßburger Bürgermeister hatte Erfolg. Lambert van Burens Eigentumsverhältnisse
wurden geklärt.

Ja, Idelette war samt ihrer Verwandtschaft interessant.
Dazu war sie ihrem Mann eine ganz wertvolle Hilfe. Wibrandis bedauerte es, dass sie nicht mehr Zeit zum Austausch fanden.

In Genf waren die Nachfolger von Calvin und Farel
schlechte Prediger. Auch riss in der Stadt die lockere
Moral vorreformatorischer Zeit wieder ein. Man würfel-
te und betrank sich, sang öffentlich unzüchtige Lieder,
man prügelte sich, trieb Ehebruch und zeigte sich nackt
auf der Straße. So wurde 1541 Calvin gebeten, die Seelsorge in Genf wieder aufzunehmen. Calvin wollte erst
nicht. Bei einem Besuch dort, hielten ihn die Genfer zurück. Idelette zog mit den Kindern nach. Calvin arbeitete unermüdlich und bildete die „Reform der reformierten Kirche in Genf".

Idelette, eine frühere Anhängerin der Täufer. –
Jetzt Reformatorenfrau!

Suche nach der Wahrheit

Zu ihrer Belustigung erfuhr Wibrandis von ihrem
Mann Wolfgang Capito, dass er beinahe, statt ihrer, auch
eine Täufer-Witwe geheiratet hätte. Es war Sabina Bader.

Deren Mann war bis in das Jahr 1528 hinein als Apostel der Täufer herumgereist. Als dies immer gefährlicher wurde, und viele seiner Freunde bereits den Märtyrertod gestorben waren, zog er sich in eine winzig kleine Täufergemeinde zurück. Irre geleitet oder größenwahnsinnig geworden, kürte er sich selbst zum König. Als das die Obrigkeit erfuhr, nahmen sie die paar Männer der Gemeinde fest. Sie wurden gefoltert und getötet. In Stuttgart wurde Augustin Bader mit seinem eigenen Schwert, das er sich als „König" zugelegt hatte, enthauptet.

Seine Frau Sabina floh erst nach Straßburg. Agnes und Wolfgang Capito hatten sie einige Wochen in ihrem Haus beherbergt. Dann zog sie weiter nach Augsburg.

Als Capito nach dem Tod seiner Frau Agnes auf Reisen ging, kam er auch nach Augsburg, wo Sabina noch wohnte. Er besuchte sie und war wohl von ihr ganz angetan.

„Aber am Ende warst du, liebe Wibrandis, doch die richtigere. Das spürte ich ganz deutlich. Dazu brauchte ich gar nicht die Ratschläge von Martin Bucer, der mir von Sabina abriet. Weil sie einmal als Königin der Wiedertäufer galt, könnte sie dem Evangelium schaden. Von dir, liebste Wibrandis, sprach er übrigens in den höchsten Tönen. Na, es hat sich ja auch bewahrheitet. Du warst und bist die Richtige für mich." Capito nahm sie liebevoll in seine Arme. Von Melancholie war heute bei ihm nichts zu spüren. Er hatte wohl eine gute Nacht gehabt.

Wibrandis überlegte. – Wenn Sabina seine Frau geworden wäre, hätte sie ihm, ähnlich wie Idelette Calvin, im Umgang mit den Täufern helfen können. – Wibrandis beschloss, beim nächsten Besuch beim Kesselschmied Fabricius sich mehr Zeit zu nehmen. Seine Frau hatte sich auch von den Täufern einfangen lassen. Vielleicht konnte sie bei ihr etwas bewirken.

Den nächsten Besuch beim Kesselschmied machte Wibrandis ohne die Kinder. Wie beim letzten Mal notierte der Meister die Ratenzahlung. Um ihr auch eine Freude zu machen, hatte er einen ganz kleinen Kessel hergestellt für ihre Töchter zum Spielen. Wibrandis war gerührt.

Dann ging Wibrandis zu seiner Frau in die Küche. Mit rosigen Wangen war die Meisterin beim Vorbereiten einer Gemüsesuppe. Sie stand einem großen Haushalt vor, denn alle die jüngeren und älteren Burschen und Gesellen ihres Mannes mussten von ihr mitversorgt werden.

Anna Fabricius war eine sehr fromme Frau. Sie litt unter den bösen Ausschweifungen, den Betrügereien und Unordnungen, die überall auftraten. Deshalb ging sie gern in eine Täufergruppe. Dort gab es Zucht und Ordnung und auch Gottes Wort zu hören.

„Dass in der Kirche der viele Zwang nicht mehr da ist, ist gut. Auch dass wir uns nicht mehr zu fürchten brauchen vor Fegefeuer und Höllenqualen. Aber ein bisschen Angst braucht wohl der Mensch, sonst geht eben alles drunter und drüber. Er fühlt sich als völlig Freier, der sich von niemandem etwas sagen zu lassen braucht. Ihr müsst mir doch zustimmen, dass es in den Kirchengemeinden wirklich nicht zum Besten steht."

„Ach, liebe Anna, da gibt es doch auch viele fromme Menschen, die nach den Geboten Gottes leben. Sie versuchen es zumindest. Viele helfen aus christlicher Nächstenliebe, dort wo sie gebraucht werden. Und geben sich die Pfarrer nicht auch große Mühe?"

„Ja, die Pfarrer. Über die gibt's heute nichts mehr zu

lästern oder zu klagen. Sie sind alle brave, fleißige Leute."

„Na, Anna, lohnt es nicht, dafür schon mal wieder ihre Predigten zu hören? Sieh, die Täufer greifen zumeist die Pfarrer an und sind auch gegen die Obrigkeit. Das ist nicht das, was der Herr Jesus wollte. Anna, ich freu' mich, wenn ich dich am Sonntag in der Kirche sehe!"

Wibrandis verabschiedete sich. In zwei Wochen würde sie wiederkommen. Dann würden sie auch die Töchter begleiten. Die freuten sich schon riesig auf den Besuch beim Bauernhof.

Zu Hause lag ein Brief für Wibrandis. Ein Schreiben von Theresa aus Brandenburg.

„Gott zum Gruß, liebste Wibrandis. Danke für deinen Brief. Mich interessiert schon, mit was für theologischen Strömungen du dich auseinandersetzt. Klar, das liegt an dem Beruf deines Mannes. Bei mir sind das geschäftliche Dinge.

Ich schrieb dir das letzte Mal, dass mein Ehemann dabei ist, ein Fuhrgeschäft aufzubauen. Seine großangelegte Planung hat sich gelohnt. Brandenburg hat wohl eine zentrale Lage, die sich geschäftlich gut auswirkt. Er verfrachtet Waren nach allen Himmelsrichtungen. Wenn ich nicht zu meinen beiden Knaben aus Basel hier auch noch zwei Mädchen geboren hätte und wieder schwanger wäre, könnte ich dich eigentlich problemlos mit einem dieser Fuhrwerke besuchen. Nun – ich kann von den Kindern nicht weg und – mein Mann sähe das wohl auch nicht gern.

Aber ich muss dir doch noch schreiben, dass ich mich auch mit den Religionen auseinander setze. In unserer Zeit wird wohl einfach jeder da mit hineingerissen. Was hat euer neuer Glaube doch alles auseinander gesprengt! Alte Freundschaften und Verbundenheiten, wie wir das gemeinsam in Basel erlebten. Aber weißt du, das geht ja auch in die Familien hinein. Der protestantische Glaube kann sogar Eheleute auseinanderbringen. Nachdem ich länger hier lebe, wird mir natürlich auch mehr zugetragen. Mein Kurfürst, Joachim I. von Brandenburg, hat im Jahre 1521 auf dem Reichstag von Worms – wir waren da noch zusammen in Basel – in harten Worten mit Luther gekämpft. Er las auch das Schreiben von Kaiser Karl V. vor, das Luther unter den Bann stellte. Vielleicht weißt du das auch durch deine große protestantische Umgebung.

Mein Kurfürst war und blieb äußerst unnachgiebig gegenüber den Protestanten. Doch nun stell' dir nur folgendes vor: seine Frau, die Kurfürstin Elisabeth von Brandenburg, gehört dem evangelischen Glauben an! 25 Jahre waren die beiden glücklich verheiratet. Sie hat ihm fünf Kinder geboren. Dann soll sie durch verkleidete lutherische Wanderprediger vom evangelischen Glauben gehört haben. Sie kam zur Überzeugung, dass Luther das Wort Gottes richtig ausgelegt hat, und es so frohe Botschaft bringt. So nahm sie das Abendmahl in beiderlei Gestalt.

Ihr Ehemann tobte und verlangte, dass sie binnen eines Jahres den evangelischen Glauben zu widerrufen habe. Vor Ablauf der Frist floh die Kurfürstin zu ihrem Onkel, dem Kurfürsten Johann von Sachsen, der ein Beschützer Luthers sein soll.

Das Kurfürstenpaar war nicht kompromissbereit. Beide nicht. Beide wollten an ihrem Glauben festhalten. So lebt die Herzogin schon fast zehn Jahre im Exil. Aber alles dies wird nur im Verborgenen erzählt. Doch sag', Wibrandis, ist das nicht alles schrecklich? Was mag nur unser Gott dazu sagen?

Na ja, wenn ich dir jetzt gegenüber sitzen würde, würdest du versuchen, mich milder zu stimmen. Aber ich bin wirklich ernsthaft erregt.

Behüt' dich Gott und grüße auch deine Frau Mutter herzlich von mir. Ich denke gern an die gemeinsame Zeit in ihrem Haus in Basel. Deine Theresa."

Wibrandis' Straßburger Freundin Elisabeth Bucer war vollauf damit beschäftigt, Kinder zu kriegen. Aber immer wieder stand sie vor dem Sarg eines ihrer Kleinen. Einen Jungen gebar sie, der geistig und körperlich behindert war. Dieser kleine Nathanael brauchte ihre besondere Fürsorge und kostete in Pflege und Aufbau seiner geringen Fähigkeiten sehr viel Kraft.

Auch Wibrandis hatte viel zu tun mit ihren Kindern. Zu ihrem großen Schmerz war die kleine Irene Oekolampad gestorben. Das Wissen darum, dass viele Mütter vor den Gräbern ihrer kleinen Kinder standen, so ja auch ihre Freundin Elisabeth, konnte sie nicht richtig trösten. Nun hatte der Tod ihr schon zwei Ehemänner geraubt.

Mit Wolfgang Capito führte sie eine verhältnismäßig lange Ehe. In den zehn Jahren mit ihm gebar sie fünf Kinder. Agnes, Dorothea, Johannes Simon, Wolfgang und Irene, die nach ihrer verstorbenen Halbschwester Irene Oekolampad genannt wurde. So gehörten acht Kinder, das Ehepaar Capito und die Großmutter Magdalena Rosenblatt zum Haushalt.

Der versprochene Besuch beim Kesselschmied stand an. Die Töchter Wibrandis und Aletheia freuten sich sehr darauf. Heut sollten sie sich den Bauernhof ansehen dürfen. Sie machten so viel Aufhebens darum, dass natürlich auch Agnes mitkommen wollte. So zog Wibrandis mit drei Kindern los.

Der Kesselschmied freute sich über Wibrandis' Besuch. Die großartige Frau Pfarrer hatte es tatsächlich geschafft! Sie brachte die letzte Rate für seine gearbeiteten Kessel.

Mit einem dicken Strich in seiner Mappe zeigte er, dass nun die Außenstände bereinigt waren.

Dann rief er seine Frau. Sie sollte Frau Pfarrer und die Kinder zum Bauernhof führen. Er war heut aus der Werkstatt nicht abkömmlich.

Der Weg war nicht weit. Sie mussten nur zum nahe gelegenen Stadttor und dann ungefähr die gleiche Strecke auf der anderen Seite der Mauer zurück.

Es war ein kleines Besitztum. Aber alles, was zu einem Bauernhof gehört, schien da zu sein. Im Haus wohnte ein krummbeiniger Knecht mit seiner rundlichen Frau. Die stand draußen an einem Waschbottich mit viel Seifenlauge und schrubbte und stampfte die Wäsche darin. Im Stall wieherten zwei Pferde. In einem Verschlag stand eine Kuh und in einem anderen quiekten Ferkel um ihre Muttersau. Auf der kleinen Wiese meckerten drei angepflockte Ziegen. Ein bunter Hahn stolzierte mit seiner gackernden Hühnerschar dazwischen herum.

Die Kinder waren begeistert. In der Stadt gab es nur Hunde und Katzen und Pferdewagen, die Waren brachten.

Die Zeit verging wie im Fluge. Es gab so viel zu sehen. Wibrandis bezahlte die drei Dutzend Eier, die ihr der Knecht aus der Scheune holte. Die Kinder wollten noch gar nicht nach Hause gehen. Zum Schluss standen sie um einen kleinen Eimer mit Seifenwasser, das ihnen die Magd aus ihrem Bottich gegeben hatte. Aus Strohhalmen pusteten sie bunte Seifenblasen.

Sie konnten sich erst davon trennen, als ihnen die Meisterin neue, glatte Strohhalme brachte. Sie legte sie in den Korb von Wibrandis und versprach den Mädchen, dass das Seifenblasenpusten zu Hause damit genauso gut gehe. „Aber da gucken die Tiere nicht zu", erklang etwas kläglich die Stimme von Agnes.

Nach einer Zeit des Eingewöhnens nahm Wibrandis auch Flüchtlinge auf, die wegen ihres reformierten Glaubens verfolgt wurden. Sie konnte und wollte sich dem nicht versperren, sondern tatkräftig Hilfe leisten.

Ein nicht zu erreichendes Vorbild wurde ihr Katharina Zell. Hier in Straßburg waren Matthäus Zell und seine Frau Katharina das Münsterpfarrerehepaar. Katharina Zell war eigentlich mehr als eine Pfarrfrau. In Wibrandis Augen war sie eine Pfarrerin und Diakonin und Gefängnisseelsorgerin. Was die Frau alles machte war phänomenal! Sie war ein Straßburger Kind und hatte sich von klein auf mit Studien beschäftigt. Ungewöhnlich für ein kleines Mädchen. Eigentlich konnte Katharina nichts Besseres passieren, als dass der zwanzig Jahre ältere Münsterpfarrer um ihre Hand anhielt.

Im Pfarrhaus hatte sie den rechten Rahmen, um sich weiterzubilden und mit zu diskutieren. Sie war wort- und schriftgewandt, mutig und forsch. Sie schrieb einen offenen Brief an den Bischof, als dieser den verheirateten Pfarrern weniger Geld zuweisen wollte. Mit einem Sendschreiben stärkte sie die Frauen von Flüchtlingen, die in Straßburg Zuflucht suchen mussten. Ja, und jetzt hatte sie sogar ein Liederbüchlein herausgegeben.

Zu ihrem großen Kummer hatte sie keine Kinder. In

ihrer Ehe hatte sie zwar zwei Kinder geboren; doch sie starben beide ganz klein. Vielleicht war ihr übermäßiges Engagement ein Ventil für Kinderlosigkeit. Aber dann musste es ein Dampfdruckventil sein!

Katharina war einsatzbereit und gastfreundlich. Wibrandis war sie allerdings zu energisch und heftig. Nein, Vorbild konnte und sollte sie ihr doch nicht sein. Sie war ihr zu wesensfremd. Aber gern hörte sie Katharina zu. Sie erlebte recht spektakuläre Dinge. Weil sie nicht für Kinder zu sorgen hatte, konnte sie öfters ihren Mann begleiten. So war sie auch mit nach Wittenberg gefahren zu Martin Luther und dessen Frau Katharina von Bora. Von dieser Begegnung war sie ganz begeistert; von den Gesprächen und von dem Reformatorenpaar.

Eindrücklich war ihr geblieben, wie Luther zur Sünde und Gnade stand. Luther ging es um den ganzen Menschen. Er ließ sich weder etwas abhandeln von der totalen Sündhaftigkeit des Menschen, noch von der absoluten Gnade Gottes. Die Gnade würde vermindert, wenn der Mensch sich anmaßen wollte, seine eigenen kleinen Anstrengungen als Beitrag angerechnet zu sehen.

Voller Bewunderung sprach sie auch von dem Hausstand im Schwarzen Kloster in Wittenberg. Die Lutherin, Katharina von Bora, sei überbeschäftigt. Aber sie verstehe es, eine Atmosphäre zu schaffen, die im Verein mit Martin Luthers geistreichen Reden die Leute dazu bringe, immer wieder ins Schwarze Kloster einzukehren und auch für längere Zeit dort zu verweilen. „Wibrandis, ich wäre da auch gern noch geblieben!"

Während Katharina auf Reisen war und Elisabeth Bucer ihr dreizehntes Kind gebar, versorgte Wibrandis gleich mehrere kranke Kinder. Vier hatten Masern, zwei hohes Fieber. Capito gab ihr Ratschläge; ihre Tochter

Wibrandis und sie hantierten mit kühlenden Wadenwickeln hinter verdunkelten Fenstern und reichten kalten, belebenden Kräutertee. Dorothea und Wolfgang erhielten wegen ihres starken Hustens und extremer Heiserkeit Huflattichtee, den Wibrandis aus den gelben Blüten zubereitet hatte. Der Tee brachte ihnen auch eine wohltuende Linderung.

Pest

Die Krankheiten waren vorüber, die Kinder tollten wieder im Garten. Aber Schlimmeres, viel Schlimmeres kam über die Familie, kam über die ganze Stadt. In Straßburg fielen die Ratten ein, und danach kam die Pest.

Vor dieser Seuche gab es kaum ein Entrinnen. Es sei denn, man verließ vorzeitig die Stadt. Die Pfarrer blieben. Sie sahen sich verpflichtet, bei ihren Gemeinden zu bleiben. Bald waren sie auch alle voll damit beschäftigt, die Pesttoten zu bestatten.

Vorsorglich räucherte Wibrandis das ganze Pfarrhaus mit Baldrian und Kampfer aus. Das sollte, so hatte sie gehört, Flöhe vertreiben, die die Pest verbreiteten.

Doch die Pest kam auch in die Pfarrhäuser von Capito und Bucer. Bei Eusebius, dem Sohn von Oekolampad, bemerkte Wibrandis voll Schrecken geschwollene Stellen in der Leistengegend. Zumeist waren das Vorboten dieser schrecklichen Seuche. Bald traten Pusteln an Armen und Beinen auf, die sich zu Beulen erweiterten.

Auch bei dreien der fünf Capito-Kinder erschienen seltsame Flecken auf den rotbäckigen Gesichtern. Ihre Köpfe waren erhitzt, und die Körper zitterten im Schüttelfrost. Bibbernd zogen sie die Decke bis unter das Kinn. Alle klagten über riesengroßen Durst.

Wibrandis rannte von einem Bett zun anderen und flößte Eusebius, Agnes, Dorothea und Wolfgang kalten Tee ein. Die schweißnassen Gesichter kühlte sie mit Tüchern, die sie in Wasser getränkt hatte. In der Zimmerecke verbrannte sie getrocknete Kräuter. Sie sollten eine helfende Wirkung zeigen. Zumindest überdeckten sie etwas den üblen Pestgeruch, der sich breitgemacht hatte. Wibrandis schützte sich mit einem feuchten Mundtuch und gab strenge Anweisung, dass die anderen Kinder, ihr Mann und auch ihre Mutter stets einen Mundschutz trugen.

Die Pusteln und Beulen an den Körpern der Kinder beobachtete Wibrandis mit Sorge. Ihr Jucken quälte die Kinder. Aus der Stiftsapotheke hatte sie dafür ein Kräuterpulver geholt. Sie streute es über die geröteten, erhabenen Stellen und wickelte darüber Tücher, damit die Kinder ihre Beulen nicht aufkratzten. Sie juckten und brannten. Der darunter sich ansammelnde Eiter wollte nach außen.

Aus dem Pfarrhaus von Caspar Hedio kam die Nachricht, dass dort alle fünf Kinder an der Pest gestorben waren. Wibrandis erfasste das Grauen.

Auch Eusebius starb. Wibrandis hatte kaum Zeit, ihn zu beweinen, oder an seinem Bett in Ruhe ein längeres Gebet zu sprechen. Der Pestkarren kam. O, Eusebius! Pfarrer Capito konnte nicht mit und für ein ordentliches Begräbnis sorgen. Er musste selbst dringend ins Bett. Er hatte wohl schon längere Zeit Schwellungen in der Leistengegend. Die große Not um ihn herum und die damit für ihn vorhandene Arbeit, ließ ihm kaum Zeit zum Luft holen.

Jetzt lag Wibrandis' Mann da mit glühendem Gesicht und glasigem Blick und mit Beulen, die schon aufplatzen wollten. Wibrandis versuchte, auch ihm den brennenden Durst zu löschen. Wenn er den Mund halb öffnete, um die ersehnte Flüssigkeit zu schlucken, sah sie den geröteten Rachen. Ein unregelmäßiger, übelriechender Atem schlug ihr entgegen. Es war kaum auszuhalten; der Gestank, aber auch ihr Mitleiden.

Wolfgang Capito starb und auch seine beiden Kinder, die sechsjährige Dorothea und der kleine Wolfgang mit seinen knapp drei Jahren.

Wibrandis war völlig verzweifelt. Dass Gott so grausam schien, brachte sie an den Rand des Zusammenbruchs.

Doch sie musste weiter kämpfen. Jetzt sorgte sie sich um das Leben ihrer Agnes. Die Älteste von Capito und ihr hatte noch hohes Fieber. Ihr Gesicht war brandfleckig und aufgedunsen. Hinter dem rechten Ohr hatte sie eine fast purpurfarbene Pestbeule, die beängstigend anschwoll. Wibrandis wechselte die kühlenden Umschläge, um das Fieber herunter zu bekommen.

Da platzte plötzlich die Beule auf. Eine stinkende gelb-grünliche Flüssigkeit quoll hervor. Vorsichtig tupfte Wibrandis den ekligen Schleim mit einem Tüchlein ab, das sie dann sofort in ein Gefäß zum Verbrennen warf. Mit bloßen Händen sollte man ein Pestgeschwür und schon gar nicht die Eiterflüssigkeit berühren.

Agnes war von dem schmerzenden Druck befreit, den die schwellende Beule ausgelöst hatte. Sie stöhnte erleichtert. Sie trank gierig. Das Fieber fiel. Agnes war über den Berg. Noch war sie schwach, doch sie erholte sich zusehends.

Wibrandis bettete sie in einen anderen Raum. Hemden und Tücher, die mit den Kranken und Sterbenden in Berührung gekommen waren, wurden restlos verbrannt. Im Flur des Hauses räucherten besonders stark riechende Kräuter. Eigenhändig kalkte Wibrandis die Wände des Krankenzimmers und schrubbte den Fußboden mit Kalkwasser. Ein völlig neuer Geruch durchströmte das Haus.

Wibrandis war völlig erschöpft. Die anstrengende Pflege, der grausame Tod von drei ihr sehr lieben Menschen und jetzt die Desinfektionsarbeit. Aber Wibrandis riss sich zusammen. Sie hatte noch fünf Kinder, und auch ihre Mutter brauchte zeitweise ihre Hilfe.

Katharina Zell besuchte sie. Sie nahm sie in ihre Arme und sprach ihr ihr Beileid aus. Sie hatte auch eine Bitte. Wibrandis sollte doch möglichst bald in das Haus von Bucers kommen. Zur Zeit der Pest hatte Elisabeth Bucer von ihren dreizehn geborenen Kindern nur noch fünf lebende Kinder. Die Pest hatte den Bucers, außer dem behinderten Nathanael, alle Kinder entrissen. Jetzt quälte sich Elisabeth selbst mit dieser grässlichen Krankheit herum. „Sie fragt nach dir, Wibrandis. Geh' zu ihr!"

Wegen der Todesfälle in ihrem Haus mochte Wibrandis des Tages noch nicht aus dem Haus gehen. So machte sie sich am Abend auf den Weg ins Pfarrhaus der Bucers.

Elisabeth lag totenbleich in den Kissen. Wibrandis spürte genau so wie Elisabeth und Martin Bucer, dass die

Pest der tapferen Pfarrfrau keine Chance mehr gab. Ihr Mann und ihr Sohn standen weinend um das Bett. Wibrandis wischte der kranken Freundin die Schweißperlen von der Stirn und flößte ihr etwas von dem bereitstehenden Tee ein. Die Kranke schenkte ihr einen warmen Blick.

Dann sah sie ihren Mann an. Mit Anstrengung, aber deutlich und klar sagte Elisabeth: „Martin, heirate Wibrandis!"

Bucer schlug die Hände vors Gesicht. Nathanael schluchzte laut auf.

Wibrandis, noch selbst von eigenem Leid geschwächt, stand mit weichen Knien mitten in dieser erschütternden Szene. Sie suchte nach Halt und griff nach einer Stuhllehne.

Was für eine Situation an diesem Sterbebett!

Wibrandis Bucer, verwitwete Capito

Bei der großen Pest von 1541 starben in Straßburg zweieinhalbtausend Menschen. Eine gnadenlose Zeit, die die Gnade als einzige Hoffnung brauchte!

Elisabeth Bucers Wunsch ging in Erfüllung. Im Frühjahr 1542 fand die Hochzeit statt zwischen dem Reformator Martin Bucer und der verwitweten Reformatorenfrau Wolfgang Capitos, verwitwete Oekolampad, verwitwete Keller, geborene Wibrandis Rosenblatt. Ein Umzug von Pfarrhaus zu Pfarrhaus mit vier Kindern von Wibrandis und ihrer Mutter Magdalena zu Martin Bucer und Sohn Nathanael.

Ihre 17-jährige Tochter Wibrandis Keller zog nicht mehr mit um. Sie heiratete den Straßburger Gürtler Hans Jeliger. Wibrandis machte sich ihretwegen Gedanken. Hatte sie ihr für das Leben genug mitgegeben? Da war immer zu wenig Zeit. Aber war nicht auch das Miteinander in einer großen Familie und das geistlich-intellektuelle Miterleben eine Art Rüstzeug? Wibrandis übergab das junge Paar der Fürsorge Gottes.

Wibrandis war nun Pfarrfrau zu St. Thomas in Straßburg. Ihre Kinder Aletheia Oekolampad, Agnes, Johann Simon und Irene Capito füllten mit Nathanael Bucer das dortige Pfarrhaus mit neuem Leben. Auch ihre Mutter Magdalena Rosenblatt war wieder mitgekommen. Eine Zeit lang gehörten zum neuen Haushalt auch noch Martin Bucers Vater und dessen zweite Ehefrau.

Wibrandis hatte nun schon reichliche Erfahrungen im

Führen eines Pfarrhauses. War es nur der Wunsch von Elisabeth Bucer oder auch ihr eigener Wunsch, wieder so einem ähnlich gearteten Haushalt vorzustehen? Waren es die Gespräche in den streitbaren und hochintellektuellen Reformatorenkreisen, die ihr lieb und wert geworden waren?

Bei ihrer Heirat mit Martin Bucer war Wibrandis 38 Jahre alt. Sie gebar noch zwei Kinder. Sohn Martin erhielt den Namen des Vaters und die Tochter wurde Elisabeth genannt, nach der verstorbenen Pfarrfrau. Dazu nahm Wibrandis die jüngste Tochter ihres verstorbenen Bruders Adalbert, Margareta Rosenblatt, wie ein eigenes Kind in den Haushalt auf.

Wie froh war Wibrandis und wie dankbar, dass ihre Kinder alle gesund waren. Der behinderte Nathanael brauchte doch viel mehr Aufsicht und Anleitung. Elisabeth Bucer hatte Großes geleistet, ihn in der großen Kinderzahl so weit gefördert zu haben. Nathanael war ein sehr anhängliches, liebes Kind.

Wibrandis hatte die Fähigkeit, sich auf ihre jeweiligen Männer einzustellen. Martin Bucer war 13 Jahre jünger als ihr letzter Ehemann Wolfgang Capito. Und Wibrandis war immer noch 13 Jahre jünger als Martin Bucer.

Alle Ehemänner schienen mit ihr glücklich und zufrieden gewesen zu sein. Ja, Martin Bucer war sogar erstaunt, wie zuvorkommend und ergeben Wibrandis war. War es das, was die Männer so an ihr liebten? Bucer äußerte einem Freund gegenüber, dass ihm Wibrandis' übergroße Ergebenheit ein bisschen Angst mache. Er vermisste geradezu Kritik oder Ermahnungen, die er von seiner früheren Frau Elisabeth gewohnt war. Ja, er philosophierte sogar darüber, ob Ermahnungen der Ehepartnerin nicht nur nützlich sondern auch notwendig seien!

Er schrieb: „Nichts könnte ich bei Wibrandis vermissen, außer dass ihr Eifer um mich und ihre Ergebenheit mir gegenüber übergroß sind." Das war ja wirklich deutlich und zeigte, dass Wibrandis einfühlsam war, diensteifrig und liebevoll.

Das Pfarrhaus Bucer war und blieb eine Herberge für Flüchtlinge, die um des Glaubens willen für kürzere oder längere Zeit Zuflucht suchten. Der Tisch war stets gut gedeckt. Vor und nach der Mahlzeit las Martin Bucer eine Stelle aus der Heiligen Schrift vor. Das wurde nicht nur still aufgenommen. Nein, darüber wurde während der Mahlzeit und auch danach erbaulich oder kontrovers gesprochen, je nach Text und anwesenden Gästen.

Einer der liebgewordenen Gäste war Petrus Vermigli. Er kam aus Italien, wo er eine Bibelschule aufgemacht hatte. Vor der Inquisition musste er fliehen und kam im Jahre 1542 nach Straßburg. Siebzehn Tage war er Herbergsgast bei Bucer bis sich für ihn eine andere Bleibe gefunden hatte. An der Universität bekam er einen Lehrstuhl für Altes Testament.

Bei den Bucers kehrte er immer wieder gern ein. Er verehrte besonders Martin, lobte seine Verkündigung und Lebensführung. Wibrandis' Dienste nahm er gern an, aber er erwähnte sie nie. Waren sie für einen Italiener und Priester so selbstverständlich?

Martin Bucer stammte aus dem elsässischen Schlettstadt. Obwohl beide Eltern beruflich tätig waren, war wenig Geld da. Wegen des besseren Verdienstes zogen sie zehn Jahre nach seiner Geburt in die Heimatstadt der

Mutter, nach Straßburg. Martin ließen sie beim Großvater zurück. Er besuchte in Schlettstadt die Lateinschule, die ein Zentrum des Humanismus war. Früh verschrieb er sich den humanistischen Idealen. Aber da war kein Geld vorhanden für weitere Studien. Die Schlettstädter Dominikaner überredeten den 15-Jährigen, in ihren Orden einzutreten. Deshalb sagte Martin bisweilen zu Wibrandis: „Bei mir ist das Sprichwort wahr geworden: Die Verzweiflung macht einen Mönch."

Bei den Dominikanern konnte er nun aber nicht gleich seine geliebten Klassiker weiterstudieren, sondern musste erst einmal die Ordenstheologie kennenlernen. Erst nach zehn Jahren durfte der dann 25-Jährige in den Heidelberger Konvent übersiedeln und die dortige Universität besuchen. Zwei Jahre später begegnete er in Heidelberg Martin Luther und erwärmte sich für die neue Theologie.

Seine Hoffnungen setzte er jetzt auf Luther wie vorher auf Erasmus. Aber er war ja Ordenspriester. Er kam in Gewissenskonflikte. Durch die Hilfe von humanistischen Freunden erhielt er päpstliche Dispens vom Ordensgelübde. Als Weltpriester tat er Dienst auf der Ebernburg von Sickingen.

Wibrandis staunte. Auf der Ebernburg von Franz von Sickingen war doch auch einmal ihr verstorbener Mann Johannes Oekolampad Schlosskaplan gewesen. Martin Bucer erklärte ihr, dass Franz von Sickingen auf der Ebernburg Anhängern der neuen Lehre Zuflucht bot. Dabei ging es ihm weniger um den evangelischen Glauben, als um die von der römischen Kirche bedrohte Freiheit.

Als Martin Bucer dann als einer der ersten Priester heiratete, wollte er nach Wittenberg gehen. Unterwegs wurde er vielfältig aufgehalten und blieb schließlich in Straßburg. Matthäus Zell nahm ihn auf. In seinem Haus hielt er theologische Vorlesungen und gewann bald die Bürger. 1524 erhielt er in Straßburg eine Pfarrstelle.

Als in Straßburg unter dem milden Regiment des Rates sich das Täufertum ausbreitete, erkannte Bucer die Gefahr, die der Kirche von dieser Seite drohte. Im Gegensatz zu den Schwärmern, die mehr auf den Geist setzten, betonte er mit Nachdruck Amt, Wort und Sakrament.

Im Jahre 1538 wurde durch ihn ein erster Konfirmationsakt verbindlich festgelegt. Die Konfirmationsordnung sah vor, dass die Kinder im Alter von 15 bis 18 Jahren durch Gemeindeälteste und Pfarrer im Katechismus zu unterweisen seien. Dann sollten sie der Gemeinde vorgestellt und anschließend konfirmiert werden. Vehement arbeitete er an einer neuen Gottesdienstgestaltung. Er war vielerorts gefragt, die Reformation und die neue Kirchenordnung einzuführen.

Im ersten Ehejahr mit Wibrandis rief Erzbischof Hermann von Wied Bucer nach Bonn. Bucer sollte bei ihm die Reformation einführen und das sollte auf der Grundlage einer von Bucer und Melanchthon verfassten Schrift geschehen. Bucer nahm seinen tüchtigen Sekretär Christoph Söll mit und ging mit ihm eifrig an die Arbeit. Doch die politische Lage ließ die Vollendung nicht mehr zu. Kaiser Karl V. schlug zu und machte die Reformation des Erzstiftes zunichte.

Martin Bucer wurde auch außerhalb des Reiches bekannt. Wibrandis staunte, wie viele fremdländische Schreiben ihr Mann erhielt. Er verfasste daraufhin Gutachten und Traktate und neue Schriften. Einige davon wurden in fremde Sprachen übersetzt.

Erschüttert wurde das Ehepaar Bucer und seine Kinder durch den plötzlichen Tod des kleinen Martin. Er bekam ganz rasch hohes Fieber und starb. Alle weinten. Martin war ein herzerfrischender kleiner Knabe gewesen.

Katharina und Matthäus Zell

Martin Bucer war nicht gut auf Katharina Zell zu sprechen, trotz ihrer so vielfältigen diakonischen Hilfeleistungen. Sie hatte noch immer Verbindung mit Schwenckfeld, einem der Führer der Täufer. Bucer meinte, Caspar Schwenckfeld sei gefährlich und habe Katharina nur beeindruckt durch seine höflichen Manieren, sein charmantes Benehmen und sein fromm erscheinendes Auftreten.

Wibrandis konnte sich das bei Katharina nicht vorstellen. Dazu schien sie ihr zu klug. Schwenckfeld galt außerdem als gemäßigt. Sie sagte dies auch Martin. Dieser war höchst erstaunt, dass Wibrandis einmal nicht seiner Meinung war. Tatsächlich hat er später auch seine Meinung über Schwenckfeld etwas revidiert. Tat ihm die versteckte Kritik seiner Ehefrau doch gut?

Der schlesische Edelmann Schwenckfeld wollte zwar keine Abspaltung von der reformierten Kirche, aber sein Auftreten wirkte gemeindespaltend. Und im Abendmahlsstreit hatte er eine ganz andere Komponente eingebracht. Er forderte ein Moratorium. Das bedeutete, dass die Feier des Abendmahles so lange unterbleiben sollte bis aller Streit beigelegt sei. Nun, dies Ansinnen machte ihn für Wibrandis allerdings unsympathisch.

Martin Bucer hatte den Eindruck, Matthäus Zell ar-

beite nur zögerlich an manchen gemeinsamen Neuord-
nungen, weil ihn seine Frau daran hindere. So musste
sich sein Amtskollege die Bemerkung Bucers anhören:
„Vom Weibe beherrscht".

Wibrandis zog die Augenbrauen hoch und wartete ge-
spannt darauf, was noch kommen würde. Martin erzählte, dass es in Straßburg einen Streit darüber gäbe, ob bei
der Taufe weiter Paten bestellt werden sollten.

Bei den Katholiken waren die Paten rechtlich als Verwandtschaft definiert worden, so dass leibliche und Pa-
tenkinder einer Person nicht heiraten durften. Es sei
denn, sie erhielten dafür extra Dispens. In Straßburg
hatte jedoch die neue Eheordnung diese geistliche Blutsverwandtschaft abgeschafft. Nun hatten aber Matthäus
und Katharina Zell Sorge, dass, solange es Patenschaften
gibt, auch der Glaube an diese Blutsverwandtschaft weiter bestehe.

„Doch im Grunde legen die Zells mehr Gewicht auf
das geschwisterliche Miteinander und wollen die Einheit
nicht auf's Spiel setzen," sagte Martin augenzwinkernd
zu Wibrandis.

‚Ja, Katharina Zell wäre wohl nicht die richtige Ehefrau für dich, lieber Martin Bucer', dachte Wibrandis.
‚Ihr würdet euch ständig reiben. Auf der anderen Seite
hast du sie mir einmal charakterisiert als „gottesfürchtig,
grund-studiert und mutvoll wie ein Held". Mit so muti-
gen, klugen und eigenständigen Frauen kannst du eben
nicht umgehen. Und die meisten anderen Männer wohl
auch nicht, weil eure Frauen durch Küche, Keller, Kinder und in der Sorge um euer Wohlergehen voll in An-
spruch genommen sind. Aber Matthäus Zell kommt gut
mit seiner Katharina aus und liebt die Mitarbeit seiner
Frau. Sie sei ihm „sein lieber Helfer", sagte er mehr als
einmal.'

Der Tod griff erneut in den Reformatorenkreis. Im Winter 1546 starb Martin Luther. Auch die süddeutschen Kollegen trauerten um diesen großen Mann.

Zwei Jahre später, Anfang des Jahres 1548 starb Matthäus Zell. Im überfüllten Münster hatte er kurz davor noch Gottesdienst gehalten. Große Betroffenheit in ganz Straßburg und bald weit darüber hinaus.

Vor einer riesigen Trauergemeinde hielt Martin Bucer die Grabrede. Nicht nur der Prediger, auch alle Anwesenden auf dem Friedhof waren mehr als überrascht, als danach die Witwe Katharina einige Worte an die Gemeinde richtete.

Wibrandis nahm es fast den Atem. Auch anderen schien es so zu gehen. Viele senkten die Köpfe, andere guckten erwartungsvoll auf die verwitwete Pfarrersfrau. Mut, Anmaßung, Unverschämtheit, Drang zur Verkündigung?

Katharina schien die Unruhe zu merken und fügte an ihre bewegende Nachrufsätze an: „Ich bitt euch, nehmt' mir's nicht übel. Ich will mir weder das Amt eines Predigers noch eines Apostels stehlen. Wie die liebe Maria Magdalena will ich nur da sein."

Wibrandis staunte über die Kraft dieser Frau. Doch sie hatte sich stark zusammennehmen müssen und sich wohl zu viel vorgenommen. Zu Hause brach Katharina Zell zusammen. Wibrandis besuchte sie. Sie sprach mit belegter Stimme über ihre außerordentlich harmonische Ehe, die sie 24 Jahre und einen Monat lang mit Matthäus geführt hatte.

„Gar oft hab' ich mich gewundert und Gott gedankt, dass wir beide so durchaus eines Sinnes, Gemütes und Verstandes in Heiliger Schrift, ja selbst in äußerlichen Dingen, in Kleinigkeiten und Nebensachen gewesen sind", gestand Katharina. „Als wir uns verbanden, war die Rede nicht von Wittum, Morgengabe, Silber und Gold. Wir beide hatten höheres Ding, Christus war unser Augenmerk." Und nach einer kleinen Pause: „Ich wollte nichts anderes sein, denn ein Stücklein von der Ripp des seligen Matthäus Zell."

Bucers überredeten Katharina, nach Basel zu gehen, um sich dort zu erholen. Martin schrieb an ihren Gastgeber einen freundlichen Brief mit einer Empfehlung „für die fromme und heilige Witwe des seligen Pfarrer Zell".

Katharina Zell fuhr nach Basel und anschließend nach Zürich, wo sie einige Zeit blieb.

Politische und kirchliche Veränderungen

Als Katharina Zell wieder nach Straßburg zurückkam, hatte sich im Lande politisch und kirchlich viel verändert.

Die durch die Reformation ausgelöste Spannung im Reich hatte sich in einen Religionskrieg entladen. Straßburg beteiligte sich am Kampf gegen den Kaiser. Aber die Evangelischen wurden besiegt; die Süddeutschen im Jahre 1546, Hessen und Sachsen im Jahre 1547. Die Bedingungen, die den Besiegten auferlegt wurden, waren schwer. Hohe Kriegskontributionen mussten gezahlt werden.

Und der Augsburger Reichstag erließ im Mai 1548 ein Gesetz, wonach die Evangelischen bis zur endgültigen Entscheidung des bereits tagenden Konzils in Lehre und

Zeremonien zum katholischen Standpunkt zurückkehren sollten. Nur das Abendmahl in beiderlei Gestalt durfte weiter gefeiert werden, und die Ehe für Pfarrer sollte einstweilen erlaubt werden.

Martin Bucer, als einer der führenden Theologen des Protestantismus, wurde nach Augsburg beordert, um dieses Gesetz entgegen zu nehmen und zu verbreiten. Wibrandis begleitete ihn besorgt mit inständigen Gebeten. Sie wusste nur zu genau, dass so ein Gesetz für ihren Mann und dessen Freunde unannehmbar war. Auf dem Reichstag wies Bucer mit großer Entschiedenheit die Zumutung zurück, die den Evangelischen da aufgelastet werden sollte. Sein Leben schien bedroht. So floh er heimlich aus Augsburg.

In Straßburg wehrte sich Bucer mit den übrigen Pfarrern gegen die Annahme des Augsburger Interims, wie dieses Gesetz genannt wurde. In Predigten und in Eingaben an den Rat erklärten sie, dass die Annahme des Interims nichts anderes als ein Abfall von Christus sei. Die Straßburger wurden unruhig und befürchteten Schlimmes. Letztendlich war der Straßburger Rat an das Gebot des Kaisers gebunden. So musste er einwilligen, dass wenigstens in einem Teil der Straßburger Kirchen der Katholizismus wieder seinen Einzug hielt.

Katharina Zell zog wieder in ihr Pfarrhaus. Für drei Jahre nach dem Tode ihres Mannes Matthäus war ihr dort Wohnrecht zugesagt. Sie hatte weiter viel Besuch. Die meisten waren Flüchtlinge, die erneut in großem Maße auftraten. Aber sie musste jetzt vorsichtiger sein. Nicht mehr die ganze Stadt war ein Refugium. Im Münster und in vielen anderen Kirchen wurde wieder die Messe eingeführt. Allein in drei Kirchen durfte noch evangelisch gepredigt werden. Kontrovers-theologische Fragen durften allerdings nicht angesprochen werden.

Mitten in den Kämpfen um die Einführung des Interims in Straßburg gab es für die Familie Bucer ein er-
freuliches Ereignis. Hochzeit wurde gefeiert. Die junge
Aletheia Oekolampad heiratete Bucers vertrauten Helfer, den aus Tirol stammenden Pfarrer Christoph Söll.
Allseits große Freude. Wibrandis hatte mit ihren Hel-
fern viele Vorbereitungen getroffen. Die Sonne tat ihr
bestes, sodass die große Zahl der Gäste im Pfarrhausgar-
ten Platz und Freude fand. Auf den Tischen standen
köstliche Speisen, und unter der alten Linde spielten vier
Musikanten. Heiterkeit überall. Die Pfarrer schienen
ihre Sorgen und Nöte verdrängt zu haben.

Am 2o. September 1548, einen Tag nach der Hochzeit
schrieb Bucer an einen Baseler Freund: „... Du wunderst
Dich vielleicht über die Kühnheit des Schrittes in diesen
so gefährlichen Zeiten. Aber meiner Familie, die mit der
Schwiegermutter sieben Glieder zählt, könnte ich keinen
anderen Beschützer zurücklassen, der so treu und in Allem eines Sinnes mit uns wäre. Nach Fagius ist hier keiner, der das Reich Christi so glühend und zugleich volks-
tümlich verkündet."

Martin Bucer verfasste erneut eine protestantische
Schrift. Kaiser Karl war wütend und forderte die Aus-
weisung von Bucer. Harte Stunden im Pfarrhaus. Das
sah böse aus. Der Stadtrat konnte sich dem Druck des
Kaisers nicht entziehen. Er musste die Forderung der
kaiserlichen und bischöflichen Räte erfüllen, die Haupt-
gegner des Interims, die Pfarrer Martin Bucer und Paul
Fagius, zu entlassen und auszuweisen.

Bucer tauchte erst einmal unter bei der tapferen Katharina Zell. Ebenso sein Freund Paul Fagius, der seit
drei Jahren in Straßburg auch ein Doppelamt inne hatte,
als Pfarrer und als Professor für Altes Testament an der
Universität.

Wibrandis wirtschaftete mit den Kindern und ihrer Mutter allein im Pfarrhaus. Den Kindern und Bekannten gegenüber tat sie so, als ob Martin verreist sei. Das war bei ihm ja nicht ungewöhnlich. Nach den Mahlzeiten übernahm sie ganz selbstverständlich die Schriftlesung. Sie las fortlaufend aus dem Evangelium des Lukas. Es war ihr das liebste Evangelium und schien ihr das einfachste, um einige Erklärungen anzubringen.

Nicht zu oft, damit es nicht auffiel, ging sie zu ihrer Freundin Katharina Zell, um dort ihren Mann zu besuchen. Fast immer führte sie Schreiben mit sich, die inzwischen bei ihr eingetroffen waren. Martin Bucer hatte bereits Angebote aus Wittenberg und Genf erhalten. Und da war auch eine Einladung vom Erzbischof von Canterbury, Cranmer, für Bucer und für Fagius.

In England sahen die beiden die größten Wirkungsmöglichkeiten. Wibrandis ließ über den Kesselschmied Fabricius einen Wagen bestellen. Bei Nacht und Nebel verließen Bucer und Fagius die Stadt. Vor den Toren wartete das Fuhrwerk, das sie mit ihrem Gepäck zur Küste bringen sollte.

Wibrandis blieb zurück und begleitete mit Gebeten die beiden auf ihrer Reise.

Emigrant in England

In England wurden Bucer und Fagius mit großen Ehren empfangen. Man wusste über die beiden Reformatoren gut Bescheid und erhoffte sich viel von ihnen. Zu Bucers Freude war hier auch der Italiener Petrus Vermigli, der so oft bei ihnen und Wibrandis eingekehrt war. Er hatte sich rechtzeitig von Straßburg hierher abgesetzt.

Bucer erhielt eine einflussreiche Stellung als königlicher Lektor der Heiligen Schrift. An der Universität in Cambridge bekamen sie beide einen Lehrstuhl. Fagius' Sohn studierte seit zwei Jahren hier. Er konnte bei manchem Vortrag mit der Übersetzung helfen.

Auch hier in England gab es theologische Streitereien.

Doch Bucer und Fagius leisteten erst einmal große Übersetzungsarbeit. Den ganzen Sommer übersetzten sie den hebräischen und griechischen Urtext ins Lateinische. Das wurde die Grundlage für die Übertragung ins Englische.

Besondere Lichtblicke waren das Musizieren mit dem Erzbischof. Cranmer war ein großer Musikliebhaber, der das ebenso genoss wie die beiden Professoren.

Aber da gab es auch Schlimmes an Wibrandis zu berichten. Bucer und Fagius litten schrecklich an den landesüblichen Speisen. Sie beklagten sich über das viele Fleisch, das sie vorgesetzt bekamen. Sie sehnten sich einmal nach Eiern und Käse. Bucers Körper lehnte sich auf. Ein harter Leib und Stuhlverstopfungen seien die quälenden Resultate. Dazu traten Koliken auf und ein Steinleiden.

Wibrandis machte sich große Sorgen um die Gesundheit ihres Mannes. Das um so mehr, da für seinen Arzt in Straßburg eine Aufstellung aller seiner Beschwerden beigelegt war. Darin standen auch Klagen über den feuchtkalten Winter. Die in den englischen Häusern üblichen Kaminfeuer brächten nicht die rechte Wärme.

Weitere Briefe folgten, die traurig und trostlos schienen.

Einmal schrieb sogar Fagius. Er foppte sie oder wollte ihr Angst machen. Er schrieb, die Frau des Martin Bucer solle sehr bald kommen. Sonst wird es schlimm enden. Da ist eine Witwe, die Herzogin von Suffolk. Sie mache dem großen Professor schöne Augen.

Wibrandis war sehr unentschlossen. Sollte sie sich auf diese unsichere und gefährliche Reise einlassen? Da kam ein weiterer Brief. Martin Bucer musste eine schreckliche Angst vor dem kalten Winter in England haben, obwohl der erst in ein paar Monaten kommen würde. Es wäre für ihn besser, zurück nach Deutschland zu kommen, um ein Thermalbad aufzusuchen. So schrieb er. Dann wieder bat Martin, dass Wibrandis mit drei Kindern ihn besuchen sollte.

Er musste wohl spüren, welch ungeheures Ansinnen er da stellte. So war es auch ein recht wirrer Brief, den Wibrandis da zu lesen bekam. Sie kannte ihren Mann gar nicht wieder. Er wusste wohl selbst nicht, was er sich wünschen sollte, und was er ihr zumuten konnte. Um Martin musste es wirklich schlecht stehen.

So schrieb er ihr, wenn sie nicht selbst kommen könnte, sollte sie doch versuchen, ein Ehepaar zu finden, das nach England gehen würde. Die Frau könnte ihnen dann kochen und auch sonst für sie sorgen. Wibrandis schüttelte den Kopf. Das würde schwer sein. Nicht einmal ein Flüchtlingspaar würde sie dazu bewegen können, in ein Land zu ziehen, dessen Sprache sie nicht verstehen würden. Aber solche dienstbaren Geister müssen doch wohl auch in der Gegend von Cambridge zu finden sein!

Da hatte sie es mal wieder. Ihre Männer waren tüchtige Streiter und Arbeiter in Gottes Reich. Sie brachten darin schier Unmögliches zustande. Aber bei einfachen

Sachen um den Hausstand waren alle drei Reformatoren große Versager. Hatte sie da vielleicht schuld? Hatte sie ihnen zu viel abgenommen? Hatte sie sie unmündig gemacht, sich selbst zu versorgen?

In dem Brief stand immer wieder der offene, manchmal auch versteckte Wunsch, sie möge doch selber kommen. Auch seine jüngste Tochter, die kleine Elisabeth sollte sie mitbringen. Seinen tüchtigen Sekretär Christoph Söll hätte er auch gern in Cambridge. Aber gleich nahm er seinen Wunsch wieder zurück. „Nein, Herrn Christoph Söll nicht. Das verbietet mir Gott, dass ich ihn von der Kirche abziehe, so lange er bleiben kann." Und das war wohl auch richtig und wichtig so. Denn Christoph Söll war ein wackerer Prediger der Evangelischen. Außerdem hätte er sich auch in Straßburg offiziell verabschieden müssen. Für ihn und für Wibrandis könnte es sogar gefährlich werden, wenn eine Ausreise nach England bekannt würde.

Wibrandis traten die Tränen in die Augen. Ihr Mann gab die Hoffnung nicht auf, dass sie selbst kommen könne. Er schrieb ihr sogar eine Fahrtroute auf. Hilfe könne sie sicherlich bei Lukas Hackfurt, dem Armenfürsorger der Stadt, oder bei Katharina Zell mit ihren vielen Verbindungen finden.

‚Martin, Martin, was verlangst du alles von mir! Mutter ist ziemlich gebrechlich, die Kinder brauchen mich, die Stadt ist unruhig. Du rätst mir selbst, ich solle allen möglichen Leuten erzählen, dass ich den Winter über in Straßburg bleibe, damit kein Verdacht aufkomme, dass ich zu dir eile. Ich soll ein Schiff bestellen, dessen Bootsleute nichts von dir und meiner Verbindung mit dir wissen. Papier und Bücher soll ich mitbringen. Die verzeichneten Bücher – das kann ich wohl verstehen. Obwohl sie sehr schwer sein dürften. Aber Papier, nein mein lieber Mann, Papier gibt's auch in England!', so schwirrte es in Wibrandis' Kopf.

Dann hatte auch Martin Sorge um Wibrandis. Ohne Mann sollte sie nicht fahren. Und wieder kam Christoph Söll ins Spiel. Aber gleich darauf: „Nein, erschrecke ich doch, wenn er um meinetwillen auch nur eine Predigt unterlässt. O, lasst predigen, predigen, solange es der Herr gibt."

Der Brief war lang. An jedes der Kinder stand ein extra Grußwort und ein Dank für ihre Briefe. Auch die Großmutter Magdalena grüßte er freundlich und liebevoll.

Ein Nachsatz zeigte Wibrandis, dass sie unverzüglich fahren musste. Ihr Mann war ernsthaft krank. Vom Hausarzt Dr. Ulrich sollte sie die ihm bekannte Pillenmasse bereiten lassen und mitbringen. In Antwerpen sollte sie Zucker und Gewürze einkaufen. In England sei alles so teuer.

Auch an seinen Schwiegersohn Christoph Söll schrieb Bucer. Sein Kommen wäre ihm eine herzliche Freude, aber es würde sein Gemüt auch belasten, weil Söll dadurch dem Dienst des Wortes in Straßburg entzogen würde. „Lass uns ja nicht sündigen gegen Christus und die Kirche". Dem Briefe vom 31. Juli 1549 waren auch Grüße und Anweisungen an die übrigen Kinder beigefügt: Aletheia (Oekolampad und Ehefrau von Söll) solle ihrem Manne von Herzen willfährig sein; er führe sie zu Gott; sie sollten für Bucer beten; ihr Kommen wäre herrlich; aber wir seien des Herrn und ihm müssten wir dienen; Johann Simon (Capito) solle recht fleißig lernen und dem Schwager Christoph und der Schwester Aletheia recht folgsam sein. „Dir, lieber Sohn Nathanael (Bucer), gebe der liebe Gott, dass Du mögest leisten, was Du verheißest ...; liebe Agnes (Capito), mir gefällt Deine beständige Liebe gegen die Mutter und mich; wenn Ihr kommt, müsst Ihr jedenfalls auch eine Magd mit Euch bringen; und Ihr, liebe Kinder Margret (Rosenblatt), Irene (Capito), Lisbet (Bucer), seid dem Herrn befohlen, habt die Großmutter in Ehren und seid ihr in allem gehorsam; lernet fleißig Euren Katechismus".

Vorsorglich hatte Wibrandis schon nach dem letzten unglücklichen Brief Verbindung mit ihrer Freundin Theresa in Brandenburg aufgenommen. Wibrandis' ergebener Kesselschmied hatte ihre Briefe hin und her ermöglicht. Den Haushalt hatte sie so geordnet, dass Aletheia ihn mitversorgen konnte. Ihr zur Seite sollte die Flüchtlingsfrau Maria Bauer stehen, die schon seit Wochen im Hause wohnte. Ihre Zweitälteste, Agnes Capito, wollte sie mit nach England nehmen; auch die Jüngste, die kleine Elisabeth, Bucers leibliche Tochter.

Der Kesselschmied brachte die Nachricht, dass am nächsten Morgen draußen vor dem Stadttor ein Wagen bereit stehe. Mit einem Gemüsekarren sollte das Gepäck dahin gebracht werden.

Wibrandis verabschiedete sich lange von jedem einzelnen. Jedes Kind, ihre kränkliche Mutter und die Flüchtlingsfrau erhielten ihren Zuspruch und ihren Segen. Ihrem Schwiegersohn Christoph gegenüber sprach sie die Bitte aus, dass er wenigstens einmal am Tage aus der Heiligen Schrift weiter vorlesen möge. „Und danach, liebe Aletheia, sprich du ein Bittgebet für das Gelingen unserer Reise und für die Bewahrung auf dem

Land, auf dem Wasser und in dem fremden England. Es stärkt mich, eure Fürbitte zu wissen und so auch mit euch verbunden zu sein."

In der Frühe verließ Wibrandis heimlich mit Aletheia, Agnes und Elisabeth das Pfarrhaus. Wer sie sah, musste denken, sie wolle auf den Gemüsemarkt. Hinter dem Stadttor wartete der von der treuen Theresa aus Brandenburg georderte Wagen. Den leeren Karren führte Aletheia wieder zurück. Sie würde ihn am Gemüsemarkt etwas füllen.

Wibrandis' Ängste vor der Fahrt durch die unruhigen deutschen Lande wurden zu ihrer Erleichterung gegenstandslos. Wahrscheinlich hatte Theresas Mann vorgesorgt. Einmal wurden sie von einigen Reitern angehalten. Der Kutscher zeigte ein Papier vor und gab einen Gulden heraus. Die Reise zeigte Wibrandis und den Töchtern eine nie gesehene schöne Landschaft. Wären die Gedanken nicht voll Sorgen gewesen, Wibrandis hätte sie genossen.

Die Stadt Antwerpen mit ihren Wasserstraßen war eine Überraschung. Gern hätte Wibrandis sie sich ein bisschen angesehen. Doch das Schiff stand schon bereit. Wibrandis kaufte nur schnell die von Martin gewünschten Dinge ein und noch ein bisschen mehr.

Das Schiffspersonal sah lüstern auf sie und besonders auf Agnes. Neue Ängste, neue Sorgen. Wibrandis hatte mangels Geldes keine Kabine gemietet. Sie würden auf Deck bleiben. „O, Herre Gott, behüte uns!"

War es schnelle Erhörung oder war es auch schon vorher Gottes Wille? Aus dem Schiffsbauch tauchte ein Handelsmann auf. Höflich verneigte er sich vor Wibrandis. „Liebe, freundliche Frau. Euch schickt mir der Himmel. Würdet Ihr mir in einer Notlage helfen?" Er war

Engländer und zu Besuch auf dem Festland gewesen. Seine Frau sei krank geworden, und so wollten sie möglichst schnell nach England zurück. Der schwankende Boden des Schiffes binde sie hier völlig ans Bett. Aber da seien noch die beiden Töchter von drei und vier Jahren. „Liebe Frau, helft mir!"

Er hatte zwei Kabinen gemietet. Er wollte Wibrandis mit in die Kabinen nehmen. Die Aufteilung wurde ein bisschen schwierig. Aber es ließ sich machen. Besser als auf Deck unter den Augen gieriger Männer war die enge Kabine allemal, die ihr der Kaufmann überließ. Er mit seiner kranken Frau in der einen. Wibrandis mit den drei kleinen Mädchen und ihrer erwachsenen Tochter in der anderen. Eng, aber warm und sicher.

Die See war ruhig, die Kinder lieb. Dem Kaufmann war sehr geholfen, dass sie ihm die Kinder abnahm. Seiner Frau ging es wirklich nicht gut. Er versorgte sie rührend.

Der englische Kaufmann nahm ihr auch alle Sorgen ab. Bei der Ausschiffung besorgte er ihr sofort einen Wagen. Er übergab dem Kutscher die Adresse von Bucer in Cambridge, die Wibrandis schon zu Hause auf ein Blatt Papier aufgeschrieben hatte. Auch den Fahrpreis legte er fest. Gerade das wäre für Wibrandis sehr schwer geworden. Sie konnte ja kein Wort Englisch sprechen.

Martin Bucer freute sich ungemein, als er Wibrandis und die beiden Töchter sah. Er sah beängstigend schmal aus. Wibrandis quoll über voll Mitleid und Liebe. Sie versuchte, sich gleich ein Bild zu machen von den hiesigen Lebensumständen. Es wurde ein grauschwarzes Bild. Hier gab es kein Licht, keine Farbe und würde es auch keine geben, wenn sie nicht hier mit Martin lebte.

Wibrandis' Entschluß stand bald fest. Sie mußte nach

England übersiedeln! Ihren Mann beschwor sie, unverzüglich den Erzbischof zu bitten, wenigstens zwei neue Kamine einbauen zu lassen. Es war noch Sommer, und trotzdem fröstelte auch sie in dem nasskalten, nebligen Wetter, das für England typisch sein sollte.

Auch Fagius war nur ein Schatten seiner selbst. Für ihn kam der Kamineinbau schon zu spät. Er wurde immer schwächer und hustete stark. Noch vor Einbruch des Winters, im November 1549, starb Paul Fagius.

Es war gut, dass Wibrandis jetzt da war. Ob Martin wohl sonst die Arbeit allein weitergeführt hätte? Hätten dazu seine Kräfte gereicht?

Im Winter 49/50 wurde der erste Kamin gesetzt. Im Frühjahr 1550 fuhr Wibrandis mit Elisabeth nach Straßburg zurück, um die anderen Familienangehörigen nach England zu holen. Wibrandis ließ Agnes Capito zurück. Sie sollte und würde ihren Stiefvater versorgen und umsorgen bis sie selbst wiederkam.

Seitens Martin Bucers wurde der Abschied ein hoffnungsvoller. Wibrandis würde wiederkommen und die ganze Familie mitbringen!

Für die Rückfahrt buchte Wibrandis eine Kabine. Sie konnte nicht damit rechnen, wieder solch Glück wie auf der Hinreise zu haben. Eine alleinreisende Frau von 45 Jahren mit einer kleinen dreijährigen Tochter war auch nicht gerade üblich. Auf der Fahrt durch Deutschland würden sicherlich noch genug Schwierigkeiten auftreten.

Doch sie hatte wieder Glück. Als das Schiff anlegte, strahlte die Sonne. Seeschwalben und Möwen umkeisten sie. Alles sah so friedlich aus. Kurz nach der Ausschiffung traf sie auf einen Planwagen, der Waren nach Köln bringen wollte. Der Fuhrmann war ein schmaler, alter Mann. Er nahm Wibrandis als Beifahrerin mit.

Der Handelsmann Maxe Breuer schien ganz glücklich darüber zu sein, eine Gesprächspartnerin zu haben. Er machte sie auf die Schönheiten der Landschaft aufmerksam. Und Wibrandis hatte dieses Mal auch einen Blick dafür. Sie wusste jetzt, was sie wollte. Das machte sie ruhiger. Sie hatte Freude an den schönen Fachwerkhäusern. Frisch getüncht leuchteten sie zwischen den Bäumen hervor, deren Blätter noch zart und hellgrün waren.

Doch sie kamen auch in Gebiete, wo nur elende Hütten standen, die von verwilderten Gärten umgeben waren. Maxe Breuer wusste, dass die dort ansässigen Tagelöhner für ihre Feudalherren schuften mussten. Sie hatten keine Rechte, nur Pflichten. Wenn sie abends erschöpft in ihre Hütten zurückkehrten, fielen sie todmüde auf ihre ärmlichen Lager. Sie wurden von Wanzen und Flöhen geplagt und meist auch von Mückenschwärmen. In den stehenden Tümpeln konnten sich die Viecher schnell vermehren. Kraft für die Pflege des Hauses oder des Gärtchens war nicht vorhanden.

„Ich kann die geplagten Menschen schon verstehen, die vor einem Vierteljahrhundert sich gegen die Herren aufhetzen ließen", hörte Wibrandis Maxe reden. „Martin Luther hat mit der Freiheit eines Christenmenschen wohl etwas anderes gemeint. Aber Hetzer, die Unwissende benutzen, um eigene Ideen durchzusetzen, wird es immer geben. Und geknebelte Menschen wollen sich freimachen." So ließ sich der Fuhrmann brummend über den Bauernkrieg aus.

Er war damals weder Tagelöhner, noch Bauer, noch ein Herr. Aber einer der geschmähten Pfeffersäcke war er auch nicht. Er war nie ein reicher Kaufmann. Er trieb nur mit geringer Ware Handel. „Vielleicht lebe ich deshalb noch", schloss er schmunzelnd seine Betrachtung.

Was war doch Maxe Breuer für ein angenehmer Zeitgenosse, dachte Wibrandis.

Bei den Vespermahlzeiten richtete Wibrandis die Brote, was sich der Maxe gern gefallen ließ. Elisabeth pflückte Blumen und versuchte, bei der Weiterfahrt daraus einen Kranz zu binden.

Am Abend lud Wibrandis den Fuhrmann in eine Schänke zum Essen ein. Der bärtige Wirt brachte zwei flache Holzschalen mit je einer Forelle auf den Tisch. Sie waren knusprig gebraten und mit verschiedenen Kräutern garniert. Dazu zwei Krüge mit Wein und frisches duftendes Brot. Elisabeth erhielt eine Schale Hirsebrei, der mit Honig gesüßt war. Allen schmeckte es vorzüglich.

Die drei waren richtig traurig, dass in Köln ihre gemeinsame Fahrt endete. Wibrandis mietete nun einen Wagen, der sie ohne besondere Vorkommnisse nach Straßburg brachte. Wibrandis war ganz stolz und glücklich. Sie, die nie aus den beiden Städten Basel und Straßburg herausgekommen war, hatte jetzt allein eine kleine Weltreise gemacht!

Abschied von Straßburg

In Straßburg war die Wiedersehensfreude überschwänglich groß. Sogar Wibrandis weinte vor Freude.

Alle hatten ihr Bestes getan. Der Haushalt hatte gut

funktioniert. Aber sie hatten das Gefühl, dass das Haus ständig beobachtet wurde. In der Stadt gab es jetzt katholische Kontrollinstitutionen. Von Christoph Söll erfuhr Wibrandis, dass die „Papisten" das Vermögen der Bucers konfiszieren wollten und dass dies wohl auch bald geschehen würde.

Wibrandis war noch gar nicht lange zurück, da erging eine Aufforderung an Christoph Söll, er und Frau Bucer sollen vor dem geistlichen Gericht erscheinen. Söll wies das entschieden von sich und sprach gleich für Wibrandis mit. Sie seien Straßburger Bürger und brauchten nicht vor päpstlichen Beamten zu erscheinen. Aber die Situation wurde ernst und bedrückend.

Wibrandis beeilte sich noch ein bisschen mehr, alles für die Übersiedlung nach England zu ordnen.

Da fiel ihr das Abschiednehmen von ihrer Tochter Wibrandis schwer. Zwei Enkelkinder lernte sie bei ihr kennen. Sie liebkoste sie und segnete sie. Dankbar erkannte sie, dass sie und ihr erster Ehemann Ludwig Keller in diesen Kindern weiterleben würden.

Weiterleben wollte oder konnte nicht mehr der behinderte Nathanael Bucer. Die Unruhe und Aufregung vor einer so großen Reise konnte sein krankes Gemüt wohl nicht verkraften. Das Leben entwich einem schnell schwächer und verwirrter werdenden Körper. Alle Familienangehörigen trauerten um ihn, denn alle hatten ihn sehr lieb gewonnen. .

Der Abschied bei Katharina Zell dauerte länger, als sie erwartete. Katharina mit ihren vielen Verbindungen konnte ihr genau berichten, was alles in der Zeit ihrer Reise passiert war.

„Wibrandis, ich beneide dich fast ein wenig, dass du etwas ganz Neues anfangen und erleben wirst. Sei nicht traurig über den Verlust von Straßburg. Die Stadt ist nicht mehr das, was sie war."

Und sie erzählte, dass es mit dem Weggang von Bucer und Fagius hier kein rechtes protestantisches Leben mehr gebe. Caspar Hedio habe erst die Leitung des Kirchenkonvents übernommen. Doch durch das Interim sei er gezwungen gewesen, auf sein Amt zu verzichten. Verstärkt habe er jetzt seine historischen Interessen aufgenommen. Mehrere mittelalterliche Chroniken seien von ihm bereits herausgegeben worden. Und das in einer volkstümlichen, gut lesbaren Art. Katharina fand das richtig, denn durch ihn drohe wenigstens keine Geschichtsverfälschung. Nebenbei mache sich Hedio damit einen Namen als Kirchenhistoriker. Als Prediger könne man guten Gewissens nur noch Christoph Söll hören. Die anderen wollten kein Aufsehen und seien den Papisten ergeben. Sie selbst müsse sich ja zurücknehmen, wenn sie einmal zur forscheren Arbeit aufrufe. Keiner kenne sie mehr und wisse mehr, was sie einmal in der Kirchengemeinde geleistet habe.

„Wibrandis, zur Zeit kann dein Mann in England segensreicher arbeiten. Da wird er gebraucht und da ist seine Lehre gefragt."

Die Worte von Katharina machten ihr den Abschied leichter. Doch sie machten sie auch sehr traurig. Wo war die Frucht dieser langen protestantischen Aufbauarbeit geblieben? Der Einsatz dieser fleißigen Männer konnte doch nicht vergebens gewesen sein.

Katharina hatte recht, es war nicht mehr ihr geliebtes Straßburg mit dem lebendigen Glaubensleben und den vielen echten Freunden, die allesamt wahre Streiter des Evangeliums gewesen waren.

Ein herzlicher Abschied auch vom Kesselschmied Fabricius und seiner Frau. Wibrandis überließ ihnen einen wertvollen Schrank aus ihrer Baseler Zeit. Deren Freude darüber war ihr letztes Geschenk aus Straßburg.

Wibrandis war dankbar über die ihr noch gebliebenen Freunde. Dank ihrer verlief die Reise nach England unkompliziert. Ihre Freundin Theresa hatte wieder einen Wagen geordert. Und der Schwiegersohn, Martin Bucers getreuer Sekretär und Theologe Christoph Söll, ließ sich nicht davon abbringen, sie bis Cambridge zu begleiten. Er wollte sicher sein, dass sie alle wohlbehalten dort ankämen.

Einen herzlichen und innigen Abschied gab es mit seiner Frau, ihrer Tochter Aletheia, die sie Oekolampad in Basel geboren hatte. Sie würde wohl bald selbst ein Kindchen bekommen.

Von Johannes Simon konnte sie sich nicht persönlich verabschieden. Ihr Sohn war wieder einmal untergetaucht und hatte lange nichts von sich hören lassen. Ihn schloss Wibrandis immer wieder in ihre fürbittenden Gebete ein. Er machte ihr große Sorgen, weil er seinen Studien nicht zielstrebig nachzugehen schien.

In Cambridge

In Cambridge wurde das Wiedersehen für alle ein Jubel- und Dankfest. Mit Segenswünschen und herzlichen Dankesbezeugungen ging Christoph Söll wieder nach Straßburg zurück. Im Haus war man noch dabei, einen weiteren Kamin zu bauen. Der König persönlich, König Edward VI., hatte zwanzig Pfund geschickt für den Einbau eines deutschen Kamins. Wenn er zur Zufriedenheit ausfallen sollte, würden weitere zwanzig Pfund für einen Kamin im Familientrakt eintreffen.

O, das zeigte aber deutlich, dass die Arbeit der deutschen Theologen hier sehr willkommen war! Was war Wibrandis froh, dass sie Martin die feste Anweisung ans Herz gelegt hatte, um einen Kamin zu bitten. Das hätte er selbst schon viel eher machen sollen!

Wibrandis hatte es auch nicht leicht. Es war ihre Familie, aber der Haushalt war noch längst nicht der ihre. Zwei deutsche Studenten halfen ihr, mit der Sprache zurecht zu kommen. Sie konnten sich ein kleines Zubrot verdienen, und für Wibrandis waren sie bald unersetzlich. Vor allen Dingen beim Einkaufen. Doch bald brauchte Wibrandis selbst da nicht mehr mit. Das übernahm ihre Tochter, die sehr anstellige 16-jährige Agnes, die ja während ihrer Haushaltsauflösung in Straßburg den Vater so fürsorglich und allein versorgt hatte.

Die zubereiteten Speisen waren nun wieder ähnlich wie in Straßburg. Der Magen rebellierte nicht mehr. Es schmeckte wieder.

Auch der Winter war nicht gar so schlimm. Martin Bucer war dankbar für die beiden großen Kamine, aber auch für Wibrandis und seine ganze Familie. Eine Familie, das spürte er, gibt Wärme und Geborgenheit. Die einzelnen Glieder stützen sich gegenseitig.

Die Familie, und besonders Wibrandis, stärkten ihm den Rücken. Volle Kraft voraus für seine Arbeit! Zumal Fagius nicht mehr mit ihm war. Bucer musste nun allein weiter am Aufbau der anglikanischen Kirche arbeiten und die Ordnung und die Liturgie fertig aufstellen. Er arbeitete unermüdlich. Und das war zu viel! Seine Gesundheit war durch den ersten Winter in England und

die ungewohnte und ihn belastende Kost mehr als angegriffen.

Bucers dritter Winter in Cambridge wurde für alle
eine Qual. Martin Bucer kämpfte mit dem Tod. Es war
ein langes, schweres Krankenlager. Martin benötigte an-
dauernde Pflege. Sogar die Herzogin von Suffolk half
Wibrandis dabei. Sie hatte sich im übrigen als sehr nette
Dame entpuppt. Sie sprach Latein und hatte von Fagius
und Bucer begierig reformatorisches Gedankengut auf-
gesogen.

Anfang des Jahres 1551 starb Martin Bucer.

Vor Wibrandis lag sein ausgezehrter Kopf mit den
jetzt verblassenden Fieberflecken und der arme, ausge-
mergelte Leib. Auf Wibrandis' Herz drückten als Schuld
alle nicht ganz in verstehender Fürsorge erlebten Mo-
mente.

Die Witwe Wibrandis

Was sollte jetzt werden? In einem fremden Land?

Die 46-jährige Wibrandis mit ihren vier Töchtern, der schon erwachsenen Tochter Agnes, mit Irene, mit den beiden Kleinen Margarete und Elisabeth und ihrer alten lieben Mutter. Aber Wibrandis durfte nicht aufgeben, sich nicht hängen lassen. Sie war jetzt das Familienoberhaupt. Sie musste Entscheidungen treffen. Nur welche? Da war ja auch nur wenig Geld.

Aber Wibrandis hatte noch etwas gut. Der Erzbischof von Canterbury hatte ihr bei ihrem Eintreffen in England eine Schenkung in Aussicht gestellt. Da war zwar noch nichts geschehen. Aber er hatte es versprochen, und jetzt wollte sie ihn daran erinnern.

Erzbischof Cranmer ließ sich nicht lange bitten. Er war Bucer sehr dankbar. Der deutsche Reformator hatte in dieser kurzen Zeit ungeheuer viel für die anglikanische Kirche getan. Der Erzbischof von Canterbury überwies Wibrandis eine großzügige Summe. Damit übersiedelte sie mit ihrer Familie nach Straßburg.

Abgesehen von einer stürmischen See und großer Übelkeit der beiden jüngsten Kinder verlief die Reise verhältnismäßig unproblematisch.

Glück und Leid erwartete die Familie in Straßburg.

Christoph und Aletheia Söll hatten schon eine Wohnung für sie besorgt. Das Ehepaar hatte inzwischen eine süße kleine Tochter bekommen. Aber Wibrandis Jeliger, Mutter Wibrandis' älteste Tochter, hatte ihren Mann durch eine fiebrige, bösartige Infektionskrankheit verloren. Sie war mit ihren beiden kleinen Kindern allein und lebte vorerst vom Verkauf der Materialien und des Handwerkzeuges des Gürtlers.

Wibrandis tat sich schwer mit dem Wiedereinleben in Straßburg. Die Stadt war nicht mehr ihr Straßburg, in der sie mit ihren Männern Martin Bucer und davor Wolfgang Capito gelebt hatte. Das, was sie vor der Emigration nach England nicht hatte veräußern können – und das war recht viel – war konfisziert worden.

Katharina Zell hatte das Pfarrhaus verlassen müssen und sollte jetzt in einem winzigen Häuschen in einer kleinen Gasse wohnen. Doch sie war zur Zeit nicht in Straßburg, sondern zur Kur. Sie litt sehr unter Wassersucht.

Auch dem Kesselschmied ging es gesundheitlich nicht gut. Er bekam kaum Luft. Seine Frau sorgte sich sehr um ihn.

Auf den evangelischen Kirchen Deutschlands lag noch immer der Druck des Augsburger Interims. Im Straßburger Münster und anderen großen Kirchen wurden katholische Gottesdienste gehalten. Wibrandis fühlte sich in Straßburg jetzt ganz fremd. Wo war und blieb die Frucht der pausenlosen Arbeit ihrer Reformatoren-Ehemänner und aller ihrer Freunde?

Die Evangelischen sahen mit Bangen dem endgültigen Bescheid des Konzils entgegen. Nach längerer Unterbrechung wurde das Konzil zu Trient wieder eröffnet. Der Kaiser forderte die Protestanten auf, Abgesandte zu schicken, um mit der katholischen Kirche eine endgültige Vereinbarung zu treffen.

Aus Straßburg wurden die beiden Theologen Johann Marbach und Christoph Söll als Abgeordnete bestimmt.

Ende Februar 1552 verließen sie die Stadt und reisten in Gemeinschaft mit württembergischen Theologen nach Trient. Sie wussten alle von ihrer verantwortungsvollen, schwierigen Mission: Die Theologen und die zu Hause Gebliebenen, die sie mit fürbittenden Gebeten begleiteten.

Aletheia wurde krank. War es die Aufregung um ihren Mann Christoph Söll, die einem Infekt in ihr zum Ausbruch verhalf? Bald wurden sie, ihre kleine Tochter und die Magd so schwach, dass sie liegen mussten. Mutter Wibrandis holte alle drei zu sich und pflegte sie in ihrem Haushalt.

In Trient merkten die evangelischen Theologen, dass sie zu einer ernsthaften Diskussion überhaupt nicht zugelassen wurden. So verließen sie enttäuscht, zum Teil auch entrüstet, nach drei Wochen Trient.

Aber da war auch ein politischer Umschwung im Gange. Der Kaiser hatte in rücksichtsloser Ausnutzung seines Sieges über die Protestanten nicht nur mit dem Interim den Bogen überspannt. So hatte er nach der entscheidenden Schlacht bei Mühlberg den Landgrafen Philipp von Hessen und den Kurfürsten von Sachsen, Johann Friedrich, gefangengenommen.

Nun hatte sich Philipps Schwiegersohn Moritz von Sachsen gegen den Kaiser erhoben. Nach einem Täuschungsmanöver griff er den Kaiser unerwartet an und zwang ihn zur Flucht über die Alpen. Er hätte ihn gefangen nehmen können! Doch er war klug genug zu wissen, dass ein gefangener Kaiser genau so wenig wie ein gefangener Papst etwas nützt. Aber nach diesem Schlag waren die Protestanten wieder mutiger. Es wurden Wege gesucht, den Frieden in Deutschland endgültig zu sichern und die konfessionellen Fragen zu lösen.

Das Konzil wurde vertagt. Der Protestantismus war erst einmal gerettet. Er konnte sich zu neuem Leben entfalten.

Eine unruhevolle Zeit, in der Wibrandis in Deutschland wieder Fuß zu fassen versuchte. Mitten in diese Ereignisse fiel eine erneute Pestepidemie in das Gebiet des Oberrheines ein. Die Begüterten versuchten, der Seuche zu entkommen. Hastig beladene Planwagen holperten über die Straßen. Der bestialische Gestank, der mit der Pest einherging, war schon überall zugegen. In Basel und Straßburg wurden viele Menschen dahingerafft.

In Straßburg starb der aufrechte Pfarrer Caspar Hedio an dieser schrecklichen Seuche, dessen ganze Familie bei der letzten Pest schon ausgelöscht worden war. Ein halbes Jahr später, im Mai 1553, drang die Pest auch in Wibrandis' Familie. Zu aller Erschrecken starb ihr Schwiegersohn, der vielversprechende Christoph Söll daran. Wibrandis, die schon so viele ihrer Lieben durch die Pest hatte dahinsiechen sehen, wurde mit der jungen Witwe Aletheia durch Christophs Tod hart getroffen. Christoph Söll war für die ganze Familie die starke Stütze gewesen. Und er war in Straßburg und weit darüber hinaus Repräsentant und Wegweiser für den Protestantismus gewesen. Für viele ein großer Verlust!

Umzug nach Basel

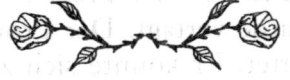

Nach all den bitteren Erfahrungen entschloss sich Wibrandis, nach Basel zurückzukehren. Sie hoffte, dort ihre Familie sicherer und billiger durchzubringen. Basel war Wibrandis' Geburtsstadt und die Stadt, in der sie glückliche Jahre mit ihren Ehemännern Ludwig Keller und Johannes Oekolampad verlebt hatte.

Für ihre Mutter, die alte Dame Magdalena Rosenblatt, war es ein Heimkommen nach langen Wanderjahren zusammen mit ihrer Tochter und deren Kindern, ihren Enkeln. Das waren Agnes, Johannes Simon und Irene Capito, Elisabeth Bucer und Margaretha Rosenblatt. Aletheia blieb in Straßburg. Kurz vor dem Umzug hatte sie den Kannengießer Hans von Lampert geheiratet. Er war nun kein Theologe, so wie ihn Wibrandis wieder für die Tochter gewünscht hätte. Aber sie hielt sich zurück. Ihr Leben mit wiederholten Theologenehemännern konnte sich doch nicht wiederholen! So behielt sie ihren verstorbenen Schwiegersohn Christoph Söll in liebevollem Gedächtnis und freute sich mit Aletheia über deren neuen Ehemann, einen sehr ehrenwerten Handwerker.

In Basel erfuhren Wibrandis und ihre Mutter, dass ein solch langes Fernbleiben doch fremd macht. Von alten Freunden war kaum noch jemand da. Das ging Mutter wie Tochter so. Viele waren verzogen. Viele, sehr viele waren gestorben.

Dazu war Wibrandis jetzt Witwe. Eine Frau ohne Mann war wohl nicht mehr interessant. Wibrandis spürte sehr genau, dass eine Witwe in ihrem Alter keinen gesellschaftlichen Platz mehr ausfüllen konnte. Wehmütig dachte sie an die überaus lebendigen Jahre, die sie hier mit Johannes Oekolampad erlebt hatte. Wie viele Gäste waren im Münsterpfarrhaus bei ihnen ein- und ausgegangen! Wie viel hatte sie durch die Gespräche gelernt. Dazu hatte sie den turbulenten Haushalt und die kleinen Kinder zu versorgen gehabt. Was war es dagegen jetzt ruhig, ja geradezu trist.

Wenn Wibrandis jetzt die Kinder nicht mehr gehabt hätte, wäre es überaus einsam geworden. Von allen ihren Reformatoren-Ehemännern waren ihr noch drei Töchter und ein Sohn geblieben, dazu das Töchterchen Margaretha von ihrem Bruder Adalbert Rosenblatt. Mit den Töchtern erlebte sie in Basel Glück und Leid von Freundschaften und erster Liebe mit.

Zu ihrer großen Freude erhielt sie hier auch wieder einen Theologen-Schwiegersohn. Agnes heiratete den Pfarrer Jakob Meyer und wurde mit ihm sehr glücklich.

Wibrandis besuchte oft den Gottesdienst im Münster, Oekolampads früherer Wirkungsstätte. Sie verweilte vor dem prächtigen Rathaus mit den mächtigen Säulen und vor den künstlerisch gestalteten Stadttoren. Sie hatte jetzt Muße dazu. So erfreute sie sich auch daran, wie sich im Rhein die Häuser und Türme der Stadt spiegelten. Auch Basel war sehr schön.

Der Sohn Johannes Simon Capito studierte in Marburg Theologie. Aber er machte ihr viel, viel Kummer. Selten ließ er etwas von sich hören. Sie beschwor ihn: sei gottesfürchtig, trink nicht, spiel nicht! Die Ermahnungen hatten natürlich ihren Grund. „O, dass ich den Tag erleben könnte, dass ich einmal etwas Gutes von dir hörte. Dann könnte ich ruhig sterben," schrieb sie ihm.

Johannes Simon besuchte sie in Basel und suchte mit

ihr das Gespräch. „Warum nur erziehst du ständig an mir herum?", fragte er sie. „Du willst mich dirigieren und mir meine Lebensgestaltung vorschreiben. Inzwischen bin ich erwachsen! Vergiss das nicht! Du hast doch deine erwachsenen Ehemänner auch nicht erzogen oder dirigiert, obwohl sie das von meiner Sicht aus wohl auch nötig gehabt hätten. Mutter, du belastest mich mit deinen ständigen Sorgen und Verhaltensregeln mir gegenüber. Und früher bist du mir auf den Geist gegangen mit deiner großen Duldsamkeit gegenüber deinen Männern.

Wenn wir hier schon einmal beim großen Abrechnen sind, muss ich dir das auch sagen. Du hast ja gar kein eigenes Leben geführt! Du warst ständig nur bedacht, es deinen Ehemännern recht zu machen. Du hast ihnen alle Sorgen und Nöte im Haus abgenommen. Du hast sie ihnen gar nicht erst mitgeteilt, damit sie nicht von ihrem jeweiligen großen Werk abgelenkt werden. Du hast ihnen den Rücken gestärkt. Sie konnten alle etwas Großes leisten, weil du da warst. Du sorgtest für ein gemütliches Heim. Du hast uns Kinder ruhig gehalten, damit Vater nicht gestört wurde. Aber wir waren doch nun auch da und sicher gottgewollt. Und wir waren doch die Frucht eurer Liebe. Obwohl mir hier auch schon Bedenken kommen. Nein, lass mich aussprechen, Mutter!

Viermal hast du sicher nicht aus Liebe geheiratet. Du warst nach einem Witwenstand durch eine neue Ehe abgesichert. Also eine, zwei, drei Vernunftehen? Doch dabei werde ich dir wohl auch nicht gerecht. Mutter, du liebtest das Herumwirtschaften in einem großen Haus und Gastfreundschaft. Und da bin ich schon wieder bei deinem Blick auf die Reputation deines jeweiligen Mannes. Dadurch, dass du dich aufopfertest im Putzen und Kochen, bereitetest du einen Hort für disputierende Männer um die Reformation. Sie brauchten nicht in eine

laute Schänke zu gehen. Bei Oekolampads, Capitos oder
Bucers gab es neben dem warmen Kamin Bier, gewürz-
tes Brot und Schinken oder Schrotbrei. So ganz leicht
fiel es dir ja nicht, immer genügend Essbares da zu haben. Doch immer wieder zaubertest du etwas herbei.
Wir Kinder freuten uns in der Küche auf die Reste.

Du willst ständig protestieren und mich unterbrechen.
Doch lass mich! Du weißt, es ist sonst nicht gerade meine Art, große Reden zu schwingen. Ich muss das auch alles einmal loswerden. Sieh mal, Mutter, es ist doch kein
Zufall, dass dich immer wieder aus dem Freundeskreis
der Reformatoren einer ehelichtete. Eine besser sorgen-
de Frau konnten sie gar nicht finden. Warst du nicht
auch sonst willfährig, duldsam; warst ein Gefäß für den
Trieb des Mannes? Mutter, ob du jemals gesagt hast:
‚Heut nicht. Ich bin so müde. Es war so ein anstrengen-
der Waschtag da am Trog und auf der Bleiche.‘ Mutter,
du warst eine fleißige Frau; aber eine Frau ganz und nur
für andere. Du hast dich selbst völlig aufgegeben.

Und sei ehrlich! Hat sich das gelohnt? Alle deine
Männer sind längst zu Staub zerfallen. Ihre Werke, ihre
Arbeit, die du so hingebungsvoll unterstütztest, wären
sie nicht auch ohne dich in Gang gekommen? Vielleicht
ein bisschen langsamer; aber die Zeit war reif für die Reformation. Sag, wer nur hier in Basel weiß, was du selbst
für die Reformation gerackert und geschuftet hast? Du
sitzt jetzt hier ziemlich allein. Wo sind die Freunde deiner Männer, die du so freundlich bewirtetest?

Du scheinst noch überschüssige Energie zu haben.
Aber bitte, gieße Sie nicht über mich aus! Ich kann und
will nicht in die Fußtapfen deiner Reformatoren-Ehemänner treten. Und ich kann und werde nicht eine Frau
finden, die so ist wie du. Du warst eine Überfrau und
Übermutter. Einerseits hätte ich es mit einer Frau wie

110

dir leichter. Ein willfähriges Weib zu Hause zu haben ist nicht schlecht. Aber andererseits hätte ich ein schlechtes Gewissen, wenn sie sich für mich ganz aufgibt."

Wibrandis verschlug es erst einmal die Sprache. So also sah sie ihr Sohn! Wie war es mit ihren Töchtern? Darüber wollte sie sie einmal behutsam aushorchen. Doch schlüpften diese nicht alle nacheinander auch in diese Frauenrolle? Gewiss, Wibrandis kannte auch Frauen, die laut aufmurrten, schrien oder sogar dem Mann den Topfdeckel auf den Kopf schlugen. Doch was war das für ein Leben, wenn der eheliche Friede so permanent gestört wurde? Doch halt, das war es ja, was Johannes Simon ihr vorwarf! Sie hätte sich aufgegeben, wäre unterwürfig und versuchte, es allen Ehemännern recht zu machen. Auf ihre Kosten hätten ihre Männer harmonische Ehen, annehmbares Familienleben und gesellschaftliche Akzeptanz erfahren.

Wibrandis versuchte einen kritischen Rückblick. Gewiss, sie hatte sich stets bemüht, ihren Männern Freude zu machen und eine angenehme Häuslichkeit zu bereiten. Doch hatte sie sich dabei aufgegeben? Nein, so konnte sie sich nicht sehen! Ihr Wirken in den entsprechenden Haushalten war ihr Lebensinhalt gewesen. Und fühlten sich ihre Männner wohl, fühlte sie sich doch auch gut.

,Gewiss, ich ließ mich führen. Aber das ging für mich stets positiv aus. So zum Beispiel im Religiösen, wo ich aus Dunkelheit und Angst ins Licht geführt wurde. Und Liebe? Nun, die war sicherlich gleich da bei meinem ersten Ehemann Ludwig Keller. Bei Johannes Oekolampads Antrag fühlte ich mich geehrt wie ein kleines Mädchen und war auch in der Ehe ungeheuer lernbegierig. Und bei den Ehen mit Wolfgang Capito und Martin Bucer war wohl eher eine innig verbindende Freundschaft statt Liebe da. Aber das ist viel, sehr viel in unserer Zeit! Aus tiefer Freundschaft und Verstehen wächst bei so engem Zusammenleben über kurz oder lang auch Liebe. So war es jedenfalls stets bei mir', beendete Wibrandis ihr Selbstgespräch.

Nun, dieser ihr noch als einziger gebliebene Sohn wollte nicht das werden, was ihre drei letzten Ehemänner waren: tüchtige, einsatzfreudige Pfarrer. Dazu noch Professoren! Es tat ihr weh, dass nicht einer die Tradition weiterführen würde: Kopf einer lebendigen Pfarrfamilie und Führer einer wachsenden Gemeinde zu werden. Doch sie sah es ein. Sie musste ihn ziehen lassen. Er musste sein eigenes Leben führen.

Alle ihre Töchter heirateten in diesen Jahren und gebaren Kinder, bis auf die Jüngste. Bei Elisabeth kündigte sich jedoch auch schon ein Freier an. So würden auch Oekolampad, Capito und sicherlich auch bald Bucer über die weibliche Linie Nachkommen haben und in ihnen weiter leben. Sorgsame Pflege und die Atmosphäre der Geborgenheit, der Lebenszuversicht und des Glaubens würden sie für ihren Weg stärken. Dessen war sich Wibrandis bei den Familien ihrer Töchter sicher. Im Gebet würde sie weiter dabei helfen. Beten würde sie auch weiter inständig für den Lebensweg von Johannes Simon. Mit Gottes Hilfe würde er schon nicht verloren gehen!

Aus Straßburg erhielt Wibrandis die Todesnachricht vom Kesselschmied Fabricius, ihrem treuen Freund. Traurig war sie auch über die Nachricht aus Brandenburg. Ihre Freundin Theresa war gestorben. Wie werden ihre jüngeren Kinder und ihr Mann sie vermissen!

In Basel starb schließlich im gesegneten Alter ihre Mutter Magdalena Rosenblatt. Sie war ihr eine getreue, verständnisvolle Gefährtin und Begleiterin durch drei Ehen gewesen. Wibrandis war jetzt ganz allein. Sie zog in eine kleinere Wohnung. Zwei Zimmer mit wenigen Möbeln, aber angefüllt mit den Andenken ihres Lebens. Sie war weiter offen für neue Eindrücke. Doch die wurden immer weniger. Ein Fremder mochte vielleicht jetzt ihr Leben trostlos nennen. Doch hinter den bitteren Schlägen waren so viele leuchtende Glücksphasen und unzählige Glücksmomente. Sie hatte ein reiches Leben geführt. Trotz allem Schweren war es über alle Maßen schön gewesen.

Zu ihrer großen Freude erreichte sie kurz nach dem Tode ihrer Mutter ein Brief von Katharina Zell aus Straßburg. Sie war unermüdlich wie eh und je, obwohl ihr die Wassersucht zu schaffen machte. So besuchte sie trotz strenger Verbote einen alten Ratsherren. Er war an Aussatz erkrankt und musste allein draußen vor der Stadt wohnen.

Einen jungen Verwandten, der an Syphilis erkrankt war, besuchte sie nicht nur, sondern sie lebte eine Zeit lang mit ihm in einem Hospital, das das Blatternhaus genannt wurde. Durch ihr Wohnen in diesem Haus lernte sie die dortige Führung und die Pflege sehr genau kennen.

Wibrandis musste lächeln, als sie weiterlas. Katharina war noch immer nicht die Frau, die den Mund hielt, wenn es galt, etwas aufzudecken. Noch immer ließ sie etwas nicht auf sich beruhen, wenn sie Ungerechtigkeiten, Schlampereien oder Liederlichkeiten entdeckte. Das Hospital war wohl sehr schlecht geführt. Die Leitung lebte gut und feierte auf Kosten der Kranken. So schrieb Katharina Zell dem Rat der Stadt einen empörten Brief und legte eine Aufstellung bei, was alles an Unwürdigem geschah und was geändert werden müsse. Dazu schrieb sie: „Man sehe sich nach einem gottesfürchtigen Hausvater und einer Hausmutter um, die den armen Kranken treu sind und nicht das Ihre suchen."

Der Rat ging den Anschuldigungen nach und erkannte sie als richtig. Doch Abhilfe war nicht in Allem zu schaffen. Katharina war wieder in ihr kleines Häuschen gezogen. In dem Hospital machte sie weiterhin Besuche und schaute nach dem Rechten.

Katharina freute sich, dass der Stadtrat wenigstens auf ihre Anschuldigungen reagiert hatte. Das ging ihr nicht mehr so mit allen Briefen.

In Straßburg und auch in verschiedenen anderen Städten und Gebieten waren den Protestanten wieder mehr Rechte erteilt worden. Die Jahre der Unterdrückung waren für sie vorbei. Doch was Katharina zu sagen hatte, klang nicht glücklich. Sie klagte über die protestantischen Pfarrer. Durch Beschimpfungen vergeudeten sie viel Kraft, die sie lieber seelsorgerlich hätten nutzen sollen. Sie wetterten lauthals gegen die religiösen Gruppierungen, die mit der Reformation neben den protestantischen Kirchen entstanden waren.

Ein junger protestantischer Pfarrer, dem sie wegen Hetzereien in seiner Predigt die Leviten gelesen hatte, reagierte ausgesprochen frech.

„Ach, was soll's, was nützt's? Für ihn bin ich nur eine Frau, die den Mund halten sollte. Du siehst, viel hat sich geändert. Du brauchst Straßburg nicht mehr nachzutrauern. Aber über unsere gemeinsamen Jahre der Arbeit im Reiche Gottes, die wir in der Gemeinschaft mit unseren befreundeten, tatkräftigen Männern getan haben, trauere nach! Ich tue es auch!

Gott befohlen, deine Katharina Zell."

Nicht lange nach der Hochzeit ihrer jüngsten Tochter Elisabeth und dem Tod von Mutter Magdalena kam im Jahre 1563 wieder die Pest nach Basel und forderte 7000 Menschenleben. Darunter war Wibrandis Rosenblatt.

Es stellte sich erfreulicherweise heraus, dass die Baseler noch wussten, dass Wibrandis die Frau ihres großen Baseler Reformators Johannes Oekolampad war. Trotz Pestkarren und Massengräbern wurde Wibrandis Rosenblatt im Kreuzgang des Baseler Münsters neben ihrem zweiten Ehemann Johannes Oekolampad beigesetzt.

Bald darauf gab der Theologe Paul Cherler, Student in Basel und dann Pfarrer im Markgrafenland, eine Sammlung mit Gedichten auf einige Opfer der Pest heraus. Zwei der Gedichte sind Wibrandis Rosenblatt gewidmet.

In einem stehen die Verse:

„Lieblich war diese Rose und kaum eine schönere trugen
Je die Gefilde der Schweiz oder das elsäss'sche Land".

Nachwort

Während ich korrekturlese, wird mir angetragen, bei einer größeren Frauentagung eine Gesprächsgruppe zu übernehmen mit dem Thema: „Warum es wichtig ist, über Frauen zu schreiben?" Das passt! Das ist mein Thema! Obwohl ich es noch nie für mich so formuliert habe. Mir machte und macht es einfach Freude, über Frauen zu schreiben, besonders dann, wenn ich sie aus Vergessenheit und Nicht-Beachtung heraus holen kann.

Dies geschah hier mit Wibrandis. Wer kennt sie schon? Diese so tapfere, zupackende Frau, die sich anscheinend problemlos in neue Gegebenheiten einfügt. Problemlos für sich selbst – bleibt allerdings dahingestellt. – Ihren Männern nahm sie jedoch Probleme ab und meisterte für sie deren profanes Leben.

Auf Wibrandis stieß ich, als ich feststellte, dass Katharina von Bora gar nicht die erste Pfarrfrau war. Wer waren die anderen? Wo lebten sie? Ich entdeckte den Straßburger Raum mit den dort lebenden bedeutenden Reformatoren. Von ihren Frauen erschien mir am bemerkenswertesten Wibrandis. Welches pralle Leben mit Rissen, Tiefen und Höhen!
Schwieriger als bei Katharina von Bora war es bei Wibrandis mit dem Quellen-Studium. Luther hatte seiner Frau Katharina sehr viele Briefe geschrieben, die zum großen Teil noch vorhanden sind. Aus ihnen und den von Studenten notierten und veröffentlichten Tischge-

sprächen war – wenn auch nur bruchstückhaft – über Wesen, Tun und Reagieren der Lutherin zu erfahren.

Anders bei Wibrandis. Briefe erhielt sie anscheinend nur von Bucer, als er während seiner Emigration in England in Nöten steckte. Allerdings waren da noch einige Briefe, die ihre Ehemänner an Freunde schrieben mit kleinen Hinweisen auf Frau Wibrandis. Ernst Staehelin hat sie zitiert. Sie sind hier mit verarbeitet.

Mit vier klugen Männern war Wibrandis verheiratet. Da muss sie doch wohl auch klug und eine interessante Gesprächspartnerin gewesen sein. Drei ihrer Ehemänner sind für Kirchengeschichte und Theologie bedeutende Persönlichkeiten. Warum nur hat man ihrer Frau Wibrandis kein Denkmal gesetzt?

Bei meinen Recherchen fand ich nur eine kleine Schrift. Mit Mühe machte sie die Göttinger Universitäts-Bibliothek für mich ausfindig. Nur in einem Exemplar (!) sei sie noch vorhanden. Deshalb erhielt ich auch nur eine Ablichtung von der kleinen Schrift von Ernst Staehelin „Frau Wibrandis" aus dem Jahre 1934.

Auf die darin aufgeführten Daten konnte ich mich stützen. Anderes musste ich mir aus der von mir benutzten und hier angegebenen Literatur zusammensuchen. Über das Wirken und Schaffen ihrer Reformatoren-Ehemänner ist unter Theologenkreisen genügend bekannt, und in einschlägigen Bibliotheken kann jeder fündig werden.

Es ist belegt, dass Wibrandis mit ihnen verheiratet war. Daten und Orte sind authentisch.

Um Historiker nicht zu irritieren, sei allerdings gesagt, dass Randfiguren wie die Freundin Theresa, der

Kesselschmied Fabricius, der Engländer auf dem Schiff und der Fuhrmann zur Verlebendigung in literarischer Fantasie eingefügt sind. Zur Verlebendigung, aber auch zur Information über weitere historische und konfessionelle Abläufe und sozialpolitische Hintergründe.

L. H.

Daten und Fakten

Wibrandis Rosenblatt (15o4 - 1564)

1524   erste Heirat mit dem Humanisten Ludwig Keller
        (gest.1527)
                – Tochter Wibrandis

1528   zweite Heirat mit Pfarrer Johannes Oekolampad
        (1482-1531)
                – Sohn Eusebius, Töchter Irene (früh
                verstorben) und Aletheia

1532   dritte Heirat mit Pfarrer Wolfgang Capito (1478-1541)
                – Agnes, Dorothea, Johannes Simon, Wolfgang
                und Irene

1541   Pest. Es starben Capito und die Kinder Eusebius, Dorothea
        und Wolfgang

1542   vierte Heirat mit Pfarrer Martin Bucer (1491-1551)
                – Martin (früh verstorben) und Elisabeth

befreundete Reformatoren:

Matthäus Zell	(1477-1548)
Katharina Zell	(1497-1562)
Ulrich Zwingli	(1484-1531)
Guillaume Farel	(1489-1565)
Caspar Hedio	(1494-1552)
Paul Fagius	(15o4-1549)
Martin Luther	(1483-1546)

Wibrandis in Basel von 15o4 - 1532 und von 1554 - 1564

Wibrandis in Straßburg von 1532 - 1549 und von 1551 - 1554

Wibrandis in England von 1549 - 1551

Benutzte Literatur

Ernst Staehelin „Frau Wibrandis", Leipzig/Bern, 1934

Die Religion in Geschichte und Gegenwart, Tübingen, 1957

Evangelisches Kirchenlexikon, Göttingen, 1956

Ferdinand Seibt, „Karl V.", Bechtermünz Verlag, o.J.

W. Wiswedel „Bilder und Führergestalten aus dem Täufertum", Kassel, 1930

Gerhard Zschäbitz „Zur Mitteldeutschen Wiedertäuferbewegung nach dem großen Bauernkrieg", Berlin, 1958

Will Durant „Die Geschichte der Zivilisation", 6. Bd.,
– Das Zeitalter der Reformation, Bern/München, o.J.

Gerhard Bott, Hrsg. „Martin Luther und die Reformation in Deutschland", Katalog des Germanischen Nationalmuseums, Insel Verlag Frankfurt/Main, 1983

Hermann Werdermann „Die deutsche evangelische Pfarrfrau" Westdeutscher Lutherverlag, Witten, o.J.